# THE SIMPLE WAY
# TO
# LEARN SPANISH

# CARLES SOARES

*All rights reserved.*

*Copyright © 2017 by Carles Soares*

*No part of this book may be reproduced or transmitted in any form or by any means, electronic or mechanical, including photocopying, recording, or by any information storage and retrieval system, without permission in writing from the publisher.*

This edition contains the complete text

of the original hardcover edition.

NOT ONE WORD HAS BEEN OMITTED.

THE SIMPLEST WAY TO LEARN SPANISH

A Bad Creative Book / published by

arrangement with the author

BAD CREATIVE PUBLISHING HISTORY

The Simplest Way To Learn French published March 2016

The Simplest Way To Learn French 2, published March 2017

UPCOMING WORKS

The Simplest Way To Learn Italian, 2018

ISBN-10: 1981138137 ISBN-13: 978-1981138135

Vol. 1     Vol. 2

ALSO AVAILABLE IN

- AUDIO
- HARDCOVER
- E-BOOK

FORMATS

For updates on the next book, or if you'd just like us to have a cup of coffee on your behalf, please support us on the patreon page https://www.patreon.com/Gestvlt

SOCIAL #TheSimplestWay2 #LearnSpanish #BadCreativ3

# CONTENTS

Chapter 1 - Basics
Chapter 2 - Food
Chapter 3 - Animals
Chapter 4 - Possessives
Chapter 5 - Clothing
Chapter 6 - Questions
Chapter 7 - Verbs Infinitive
Verbs - Present
Verbs - Present Participle
Verbs - Past

Verbs - Past Perfect

Chapter 8 - Family

Chapter 9 - Determiners
Chapter 10 - Adverbs
Chapter 11 - Objects
Chapter 12 - Places
Chapter 13 - People
Chapter 14 - Household
Chapter 15 - Occupation
Chapter 16 – Dates & Time
Chapter 17 - Adjectives
Chapter 18 - Numbers
Chapter 19 - Countries
Chapter 20 - Pronouns
Chapter 21 - Directions
Chapter 22 - Education
Chapter 23 - Nature
Chapter 24 - Flirting

Contact info

# FOREWORD

While in school, we learnt stuff we probably don't use today. However, language is essential to almost every aspect of the human condition.

How do you expand your business beyond your continent for more sales? How are you going to express your love for that the beautiful Lolita that just walked past? How do you get directions to a bullfight viewing at Las Ventas? With the knowledge of language, that's how.

This book contains a lexicon of some of the most used words in everyday Spanish conversation. It makes use of the age old learning techniques of repetition and rote memorization, in an attempt to condition the brain for learning Spanish as quickly as possible. In addition, an auxillary feature called story mode has been included to aid the reader in a test for comprehension.

Finally, it should be noted that while this book will aid in a visual recognition and comprehension of words in the Spanish language, students must also have an understanding of their proper pronunciations. To help with this, there is an accompanying audiobook that will be made available, in order to enable listening lessons.

And so, from the beautiful city of Madrid, the city of love and all things fashionable, we present to you, The Simplest Way To Learn Spanish.

## HOW TO USE THIS BOOK

1. This line is the training line (or T-Line if you prefer)

## TRAINING TIME

It represents the end of a set of 25 words to memorize, or the end of a story.

2. You are required to cover the right side of the book & attempt to translate the left side, off hand.
3. Each correct translation carries 1 point. Words after the T-line but not up to 25, are considered as bonuses.
4. Do not proceed to the next batch until you have scored twenty-five points
5. The story modes are designed to help you understand the usage of the words in sentences, so be sure to score high on the training, in order to fully comprehend the stories.

Now that you know the rules,

Let us begin.

# Chapter 1

## BASICS

**Keywords:** Pan, bebes, como, eres, usted, agua, manzanas, leche, ella, tu, el, es, mujer, hombre, un, una, la, niño niñas, soy, yo, Adiós, nada, hola, siento, si, no, favor, inglés, habló, español, hablas, noches, gracias, gustó, dias, mujeres, niñas, los, ellas, las, niños, escribe, libro carta, escribo, escribimos, persona, leo, diarios, vino, nosotros, nosotras, somos, ustedes, leen, leemos, lee.

| | |
|---|---|
| The boy | El niño |
| The bread | El pan |
| The water | El agua |
| The man | El hombre |
| The man, the woman | El hombre, La mujer |
| The boy, the girl | El niño, la niña |
| The girl | La niña |
| The woman | La mujer |
| The apple | La manzana |
| The milk | La leche |
| A girl | Una niña |
| I am a boy | Yo soy un niño |
| I am a man | Yo soy un hombre |
| I am a girl | Yo soy una niña |
| It is an apple | Es una manzana |
| You are a boy | Usted es un niño |
| He is a boy | El es un niño |
| He eats | Él come |
| She is a girl | Ella es una niña |
| You are a girl | Tu eres una niña |
| She eats apples | Ella come manzanas |
| You eat apples | Usted come manzanas |
| You are a woman | Tu eres una mujer |
| You eat apples | Tu comes manzanas |
| The girl drinks water | La niña bebe agua |

**TRAINING TIME**

| | |
|---|---|
| Good Morning! | ¡Buenos días! |
| Hello, Good morning | Hola, buenos dias |
| Hello, excuse me | Hola, disculpe |
| Good night | Buenas noches |
| I eat apples, you eat bread | Yo como manzanas, tu comes pan |
| It is bread | Es pan |
| It is water | Es agua |
| I eat apples | Yo como manzanas |
| It is a pleasure | Es un gustó |
| Hi, I am Martina | Hola, soy Martina |
| Thanks Andres | Gracias Andres |
| Hello, I am Alberto | Hola, soy Alberto |
| Bye, good night | Adiós, buenas noches |
| Thanks, bye | Gracias, Adiós |
| Goodbye, Sergio | Adios, Sergio |
| Nice to meet you | Mucho gustó |
| Yes, hello | Si, hola |
| Pardon | Perdon |
| No, thanks | No, gracias |
| I am sorry | Lo siento |
| No, nothing | No, nada |
| Yes, she is Martina | Sí, ella es Martina |
| A favor | Un favor |
| You do not drink | Tu no bebes |
| I am not a girl | Yo no soy una niña |

## TRAINING TIME

| | |
|---|---|
| Are you English? | ¿Eres Inglés? |
| You do not speak Spanish | Tu no hablas Español |
| I do not speak Spanish | Yo no habló Español |
| Alberto is not English | Alberto no es Inglés |
| I am Dani, I speak English | Soy Dani, habló Inglés |
| Yes, excuse me | Sí, discúlpe |
| A Spanish man | Un hombre Español |

| | |
|---|---|
| I am Martina, I speak Spanish | Soy Martina, habló Español |
| Do you speak English? | ¿Hablas inglés? |
| Thank you, excuse me | Gracias, disculpe |
| Are they apples? | ¿Son manzanas? |
| He, she, us | El, ella, nosotros |
| We drink water | Nosotros bebemos agua |
| Are they men? | ¿Son hombres? |
| We drink milk | Nosotros bebemos leche |
| We are men | Somos hombres |
| You are men | Ustedes son hombres |
| Are they women? | ¿Son mujeres? |
| We are women | Nosotras somos mujeres |
| Do we drink milk? | ¿Bebemos leche? |
| The | Las |
| They | Ellos |
| They are women | Ellas son mujeres |
| We, they | Nosotras, ellas |
| They are girls | Ellas, son niñas |

## TRAINING TIME

| | |
|---|---|
| Children | Niños |
| The wine | El vino |
| The newspaper | El diario |
| The letter | La carta |
| The book | Los libros |
| We are children | Nosotros somos niños |
| You all are girls | Ustedes son niñas |
| They are men | Ellos son hombres |
| Are they men? | ¿Son hombres? |
| They are girls | Ellas son niñas |
| I write a book | Yo escribo un libro |
| You write a letter | Tu escribes una carta |
| You write | Usted escribe |
| We write | Nosotros escribimos |
| I write letters | Yo escribos cartas |
| He writes books | El escribe libros |
| The boy writes a letter | El niño escribe una carta |

| | |
|---|---|
| I read the newspaper | Yo leo el diario |
| They write | Ellos escriben |
| They read a book | Ellos leen un libro |
| I am a person | Yo soy una persona |
| You read a book | Tu lees un libro |
| We read the newspaper | Nosotras leemos el diario |
| He reads a book | Él lee un libro |
| Dani is a person | Dani es una persona |

## TRAINING TIME

| | |
|---|---|
| Martina writes, Sergio reads | Martina escribe, Sergio lee |
| Alberto reads a book | Alberto lee un libro |
| Good morning, how are you? | Buenos días, ¿cómo estás? |
| I am a girl, I drink milk | Yo soy una niña, yo bebo leche |
| You drink water | Tu bebes agua |
| Why did i say that? | ¿Por qué dije eso? |
| We do not want an enemy | No queremos un enemigo |
| She asked and answered | Ella preguntó y respondio |
| I cannot eat fish | Yo no puedo comer pescado |
| Who wins? | ¿Quién gana? |
| How do I create a page? | ¿Cómo hago una página? |
| I have to wake up at six | Me tengo que despertar a las seis |
| We are going to establish the rules | Vamos a establecer las reglas |
| He called you | El lo llamó |
| I stayed at the house | Yo me quede en la casa |
| It is give and take | Es dar y recibir |
| I fill up the bottle with water | Yo lleno la botella con agua |
| We do it | Lo hacemos |
| I make it | Lo hago |
| I hear it | Lo oigo |

| | |
|---|---|
| I love them a lot | A ellas las quiero mucho |
| She helps them | Ella los ayuda |
| I do not see them | Yo no veo esos |
| My brother looks for them | Mi hermano los busca |
| I know them | Yo los conozco |

## TRAINING TIME

| | |
|---|---|
| The origin | El origen |
| The official | El oficial |
| The character | El caracter |
| The importance | La importancia |
| The control | El control |
| The success | El exito |
| The growth | El crecimiento |
| The aspect | El aspecto |
| The look | La mirada |
| The occasion | La ocasion |
| The expression | La expresion |
| The conscience | La conciencia |
| The construction | La construcción |
| The vision | La vision |
| The network | La red |
| The trial | El juicio |
| The selection | La selección |
| The creation | La creación |
| The danger | El peligro |
| The height | La altura |
| The scene | La escena |
| Really? | De verdad? |
| I see them in the restaurant | Yo los veo en el restaurante |
| I hear them | Los oigo a ellos |
| I respect them | Yo las respeto a ellas |

## TRAINING TIME

| | |
|---|---|
| Good luck | Buena suerte |
| Action | Acción |
| The group | El grupo |
| The name | El nombre |

| | |
|---|---|
| The son resembles the father | El hijo se parece al padre |
| They take away his children | Ellos se llevan a sus hijos |
| He loves himself | El se quiere |
| She doesn't love herself | Ella no se quiere |
| We are in times of change | Estamos en tiempos de cambio |
| She reached her objective | Ella alcanzo su objetivo |
| The origin of the banks | El origen de los bancos |
| I did not like her actions | Non me gustaron sus acciónes |
| My name is David | Mi nombre es David |
| Yes, it is true | Si, es verdad |
| The production is expensive | La producción es cara |
| I looked at the image | Vi la imagen |
| We have more time for activities | Tenemos mas tiempo para actividades |
| We have only two possibilities | Solo tenemos dos posibilidades |
| This book has a lot of images | Este libro tiene muchas imagines |
| Which program did they watch yesterday? | ¿Qué programa vieron ayer? |
| We have many needs | Tenemos muchas necesidades |
| Which of the television programs do you like more? | ¿Cuál de los programas de televisión te gusta más? |
| It is a good code | Es un buen codigo |
| It is a new application | Es una nueva aplicación |
| I need two applications | Necesito dos aplicaciónes |

**TRAINING TIME**

| | |
|---|---|
| Size | Tamaño |
| Huge | Enorme |
| Short | Cortas |
| Small | Pequeño |
| Tall | Altas |
| The men are short | Los hombres son bajos |
| The women are tall | Son mujeres altas |
| I want a big elephant | Quiero un gran elefante |
| The book is small | El libro es pequeño |
| It is a huge bear | Es un oso enorme |
| It is time to establish new rules | Es hora de establecer nuevas reglas |
| Juan does not speak to her | Juan no le habla a ella |
| You blame us | Usted nos culpa |
| She and i love each other | Ella y yo nos queremos |
| Semanas | Weeks |
| See you next week | Nos vemos la próxima semana |
| I read you a book | Yo les leo un libro |
| We read them a newspaper | Nosotras les leemos un diario |
| I do not know | No lo se |
| I love her a lot | A ella la quiero mucho |
| I have it | Lo tengo |
| I see her | Yo la veo |
| I dont need it | No lo necesito |
| I know her | Yo la conozco |
| These circumstances are good | Estas circunstancias son buenas |

**TRAINING TIME**

# STORY MODE

## ESPAÑA

Lola: "Bien, estoy lista para festejar con los hermosos niños y niñas de Ibiza. Nos vamos mañana."

Martina: "¿Has empacado todo lo que necesitas?"

Lola: "Sí, lo hice."

Martina: "¿Cuánto tiempo estarás ausente?"

Lola: "Unos tres o cuatro meses."

Martina: "¿Qué hay en esta bolsa?"

Lola: "No mucho. Un poco de ropa, agua y una computadora."

Martina: "¿Has pensado en otras cosas que serán necesarias una vez que llegues?"

Lola: "¿Cómo qué?"

Martina: "Cosas como un lugar para quedarse, dónde comer, lugares para visitar."

Lola: "No, en realidad no."

Martina: "Si aún no has reservado un lugar, todavía puedes conseguir una habitación en el albergue St.Christopher's. Es asequible y sirven leche fresca con el desayuno.

Para comida y bebida, puede visitar La Paloma, un lugar agradable en la isla. También tienen un jardín donde te puedes sentar, comer pan y beber vino con hombres y mujeres.

Por la noche, también debes visitar Cala Benias. Siempre hay una multitud de personas felices en la playa, que buscan un buen momento.

Y finalmente, para comprar artículos, puede ir al mercado de Las Dalias. Abre los sábados, pero la mayoría de los comerciantes hablan español. Me pregunto cómo te las arreglarás?"

Lola: "Puedo leer algo de español. Una vez allí, también puedo aprender el idioma."

Martina: "¿Te acompañará tu hermana?"

Lola: "Sí, lo hará. Escribiremos un libro juntos."

Martina: "¿Y tu padre?"

Lola: "No, él estará en casa leyendo los periódicos."

Martina: "Está bien, trae algunos recuerdos cuando vuelvas, gracias."

Lola: "No te preocupes, incluso te enviaré una carta regularmente para mantenerte actualizado."

Martina: "Gracias, lo agradecería."

Lola: "De nada."

ABCDEFGHI
JKLMNOPQR
STUVWXYZ

# ENGLISH

Lola: "Okay, I'm ready to party with the beautiful boys and girls of Ibiza. We leave tomorrow."

Martina: "Have you packed everything you need?"

Lola: "Yes, I have."

Martina: "How long will you be away for?"

Lola: "About three to four months."

Martina: "What's in this bag?"

Lola: "Not much. Some clothes, water and a computer."

Martina: "Have you thought of other things that will be necessary once you arrive?"

Lola: "Like what?"

Martina: "Things like a place to stay, where to eat, places to visit."

Lola: "No, not really."

Martina: "If you have not already booked a place, you can still get a room in the St.Christopher's hostel. It is affordable and they serve fresh milk with breakfast.

For food and drinks, you can visit La Paloma, a nice place on the island. They also have a garden where you can sit, eat bread, and drink some wine with men and women.

At night, you should also visit Cala Benias. There is always a crowd of happy people on the beach, looking for a good time.

And finally, to buy items, you can go to Las Dalias market. It opens on Saturdays, but most merchants speak Spanish. I wonder how you will cope?"

Lola: "I can read some Spanish. Once there, I can pick up the language too, I think."

Martina: "Will your sister go with you?"

Lola: "Yes, she will. We will write a book together."

Martina: "And your father?"

Lola: "No, he'll be home reading the papers."

Martina: "All right, please bring some memories when you get back, thank you."

Lola: "Do not worry, I'll even send you a letter regularly, to keep you updated."

Martina: "Thank you, I would appreciate it."

Lola: "You're welcome."

1 2 3 4 5 6 7 8 9
10 11 12 13 14 15
16 **17 18** 19 20 21
22 23 24 25 26
27 28 29 30 31

# Chapter 2

## FOOD

**Keywords:** Carne, fruta, pasta, tomate, pescado, pollo, comemos, arroz, sopa, naranja, limón, vegetales, sal, te, cerveza, cebolla, salsa, comida, fresa, almuerzo, queso, comen, huevo, jugo, azúcar, comida, hongos, lechuda, ensalada, zanahorias, banana, piña, pastel, maiz, uvas, hielo, mientras, porque, atun, pimienta, mantequilla, aceite, ajo, pavo.

|  |  |
|---|---|
| Pasta | La pasta |
| Rice | El arroz |
| Fruit | La fruta |
| The soup | La sopa |
| The menu | El menu |
| The beer | La cerveza |
| The sugar | La azúcar |
| The salt | La sal |
| The fish | El pescado |
| The strawberry | La fresa |
| Vegetables | Los vegetales |
| The potato | La papa |
| The lemon | El limón |
| The sauce | La salsa |
| The onion | La cebolla |
| The dinner | La cena |
| The egg | El huevo |
| The cheese | El queso |
| The chicken | El pollo |
| The tomato | El tomate |
| The orange | La naranja |
| We eat fish | Nosotros comemos pescado |
| I cook the rice | Yo cocino el arroz |
| The boys eat apples | Los niños comen manzanas |
| No, Sonia does not eat fish | No, Sonia no come pescado |

## TRAINING TIME

|  |  |
|---|---|
| Alberto does not eat rice, he eats fish | Alberto no come arroz, come pescado |
| No, Virginia does not eat fish | No, Virginia no come pescado |
| Victoria eats rice | Victoria come arroz |
| Milk, egg, fish | Leche, pollo, pescado |
| I cook fish | Yo cocino pescado |
| The orange is a fruit | La naranja es un fruta |
| Dani eats fruit | Dani come fruta |
| No, Sergio does not drink wine, he drinks juice | No, Sergio no bebe vino, el bebe jugo |
| It is a tomato | Es un tomate |
| I eat pasta | Yo como pasta |
| I cook pasta | Yo cocino pasta |
| Yes, it is juice | Si, es jugo |
| The girls eat fruit | Las niñas comen fruta |
| We drink juice | Nosotros bebemos jugo |
| Yes, the tomato | Si, el tomate |
| The orange, the apple | La naranja, la manzana |
| I do not cook pasta, I cook rice | No cocino pasta, cocino arroz |
| The girl eats strawberries | La niña come fresas |
| No, it is not a strawberry, it is a tomato | No, no es una fresa, es un tomate |
| Clarisse does not eat strawberries | Clarisse no come fresas |
| Alberto does not eat sauce | Alberto no come salsa |
| A strawberry, an apple, a fruit | Una fresa, una manzana, una fruta |
| The boy eats strawberries | El niño come fresas |
| We eat strawberries | Nosotros comemos fresas |

## TRAINING TIME

|  |  |
|---|---|
| No, Sergio is not vegetarian | No, Sergio no es vegetariano |
| I eat sandwiches | Yo como emparedados |
| Tea, water, sugar | Te, agua, azúcar |
| Yes, Martina is vegetarian | Sí, Martina es vegetariana |
| It is a sandwich | Es un emparedado |
| Do vegetarians drink beer? | ¿Los vegetarianos beben cerveza? |
| Martina is a vegetarian, she does not eat fish | Martina es un vegetariana, ella no come pescado |
| You eat sandwiches | Ustedes comen emparedados |
| I am vegetarian, I don't eat chicken | Soy vegetariano, no como pollo |
| It is soup | Es sopa |
| It is a lemon | Es un limón |
| It is the food | Es la comida |
| The tomato, the potato, the cheese | El tomate, el papa, el queso |
| I cook fish | Yo cocino pescado |
| Tomato, onion, soup | Tomate, cebolla, sopa |
| The egg, the cheese | El huevo, el queso |
| I cook meat | Yo cocino carne |
| The lunch | El almuerzo |
| I eat lunch | Yo almuerzo |
| I eat meat | Yo como carne |
| Fish, meat, chicken | Pescado, carne, pollo |
| Egg, chicken, rice | Huevo, pollo, arroz |
| The sauce, the tomato, the onion | La salsa, el tomate, la cebolla |
| A carrot and an apple | Una zanahoria y una manzana |
| The soup is for Pedro | La sopa es para Pedro |

**TRAINING TIME**

| | |
|---|---|
| I do not want lettuce | Yo no quiero lechuga |
| I do not want lettuce in my salad | No quiero lechuga en mi ensalada |
| Yes, the mushrooms are red | Sí, los hongos son rojos |
| She drinks water or milk | Ella bebe agua o leche |
| The carrot, the carrots | La zanahoria, las zanahorias |
| The salads, the mushrooms, the carrots | Las ensaladas, los hongos, las zanahorias |
| Alberto eats mushrooms | Alberto come hongos |
| Andres eats salad and drinks water | Andres come ensalada y bebe agua |
| We are Angela and Martina | Nosotras somos Angela y Martina |
| Silvia and Martina are vegetarians | Silvia y Martina son vegetarianos |
| Dani and i eat meat | Dani y yo comemos carne |
| Sergio and i do not drink beer | Sergio y yo no bebemos cerveza |
| I want mushrooms in my salad | Quieros hongos en mi ensalada |
| Yes, it is salad | Si, es ensalada |
| The grape that i want is red | La uva que quiero es roja |
| And the pineapples? | ¿Y las piñas? |
| She eats a banana | Ella come un banano |
| The cakes | Los pasteles |
| Do you need more corn? | ¿Necesitas más maíz? |
| I drink when I want | Yo bebo cuándo yo quiero |
| If I do not cook, I do not eat | Si no cocino, no como |
| The white cake is mine | El pastel blanco es mío |
| Our grapes | Nuestras uvas |
| Is it a pineapple? | ¿Es una piña? |
| I want more bananas | Quiero más plátanos |

## TRAINING TIME

|  |  |
|---|---|
| No, they are not grapes | No, no son uvas |
| We eat pineapples | Nosotros comemos piñas |
| I want a banana | Yo quiero un banano |
| The pineapples are ours | Las piñas son nuestras |
| She is eating one banana | Ella come un banano |
| I want tuna in my salad | Quiero atún en mi ensalada |
| I eat because you eat | Yo como porque tu comes |
| The turkey is not ours | El pavo no es nuestro |
| Do you need more ice? | ¿Necesitas más hielo? |
| I do not eat pasta | No como pasta |
| I speak while I eat | Habló mientras como |
| Tuna, meat and chicken | Atún, carne y pollo |
| I do not want turkey, thanks | No quiero pavo, gracias |
| I read a menu while I eat | Leo un menú mientras como |
| It is ice, not sugar | Es hielo, no azúcar |
| The butter and the oil | La mantequilla y el aceite |
| With lettuce and chicken | Con lechuga y pollo |
| Do you eat pepper? | ¿Comes pimienta? |
| I want pasta without cheese | Quiero pasta sin queso |
| I do not eat garlic | Yo no como ajo |
| She drinks wine even though she does not drink beer | Ella bebe vino aunque no bebe cerveza |
| Alejandro eats rice with cheese | Alejandro come arroz con queso |
| The oil is yellow | El aceite es amarillo |
| Oil and salt | Aceite y sal |
| It is oil | Es aceite |

## TRAINING TIME

# STORY MODE

## ESPAÑA

Andres: "¿Qué comemos para el desayuno?"

Gabriella: "Pastel de zanahoria."

Andres: "¿Es una ensalada?"

Gabriella: "No, es un verdadero pastel. Está hecho con zanahorias."

Andres: "Parece delicioso. Me gustaría comer un pastel hecho con plátanos, naranjas, fresas o incluso piñas también. ¿Qué tal el almuerzo?"

Gabriella: "Arroz y atún bañados en salsa de ajo."

Andres: "No, no quiero comer eso. ¿Qué otro alimento tienes en tu refrigerador?"

Gabriella: "No mucho, solo tomates, pescado, pollo, queso, cebollas y algunos huevos. También necesito ir de compras para algunos artículos."

Gabriella: "Tenemos cerveza y té helado."

Andres: "Está bien, en ese caso, vendré pronto."

# ENGLISH

Andres: "What do we eat for breakfast?"

Gabriella: "Carrot cake."

Andres: "Is it a salad?"

Gabriella: "No, it's a real cake. It's made with carrots."

Andres: "It looks delicious. I would like to eat cake made with bananas, oranges, strawberries, or even pineapples too. What about lunch?"

Gabriella: "Rice and tuna dipped in garlic sauce."

Andres: "No, I do not want to eat that. What other food do you have in your refrigerator?"

Gabriella: "Nothing much, just some tomatoes, fish, chicken, cheese, onions and some eggs. I also need to go grocery shopping for some items."

## Chapter 3

## ANIMALS

**Keywords:** Tortuga, caballos, elefante, gato, perro, pato, pájaro, cangrejo, pinguino, animales, animal, oso, arañas, cerdo, león, raton, conejo, toro, mono.

|  |  |
|---|---|
| The crab | El cangrejo |
| The horse | El caballo |
| The bird | El pájaro |
| The turtle | Las tortugas |
| The dog | El perro |
| The cat | El gato |
| The elephant | El elefante |
| The duck | El pato |
| The bull | El toro |
| The rat | El raton |
| The spider | La arañas |
| The bear | El oso |
| The rabbit | El conejo |
| The pig | El cerdo |
| The monkey | El mono |
| The penguin | El pinguino |
| The animals | Los animales |
| Yes, the dogs | Si, los perros |
| Is it a cat? | ¿Es un gato? |
| No Andrea, they are not cats | No Andrea, no son gatos |
| Yes, we are cats | Si, somos gatos |
| It is a horse | Es un caballo |
| It is a monkey | Es un mono |
| I am a horse | Soy un caballo |
| I am a cat, I drink milk | Soy un gato, yo bebo leche |

### TRAINING TIME

|  |  |
|---|---|
| Are they cats? | ¿Son gatos? |
| Yes, they are elephants | Sí, son elefantes |
| Juan is a turtle | Juan es una tortuga |

| | |
|---|---|
| Alberto is a duck | Alberto es un pato |
| Fernando is an elephant | Fernando es un elefante |
| The elephants drink water | Los elefantes beben agua |
| We are turtles | Somos tortugas |
| They are crabs, not spiders | Son cangrejos, no arañas |
| A bear is an animal | Un oso es un animal |
| The birds | Los pájaros |
| The crab eats turtles | El cangrejo come tortugas |
| Animals, birds, bears | Animales, pájaros, osos |
| Alberto eats spiders | Alberto come arañas |
| Antonio is a bear | Antonio es un oso |
| Turtles, crabs, spiders | Tortugas, cangrejos, arañas |
| The bird eats crabs | El pájaro come cangrejos |
| They are spiders | Son arañas |
| The lion eats monkeys | El león come monos |
| The penguins, the bird | Los pingüinos, el pájaro |
| They are pigs | Son cerdos |
| The bulls, the horses | Los toros, los caballos |
| The bear eats rabbits | El oso come conejos |
| Lionel is a lion | Lionel es un león |
| Juan is a bull | Juan es un toro |
| Clarisse eats a rabbit | Clarisse come un conejo |

## TRAINING TIME

| | |
|---|---|
| Martina is a rabbit | Martina es un conejo |
| Lionel eats like a lion | Lionel come como un león |
| Yes, the cat eats ducks | Sí, el gato come patos |
| A pig drinks milk | Un cerdo bebe leche |

# STORY MODE

## ESPAÑA

Clarisse: "Gracias por traerme al zoológico. Hay muchos animales aquí. Puedo ver leones, caballos, elefantes, monos, osos, conejos y pájaros."

Alberto: "¡Mira por allá! Esa es una araña gigante. Se llama tarántula. Y en el agua, hay grandes tortugas, patos, cangrejos y delfines."

Clarisse: "¿Hay pingüinos también?"

Alberto: "Dudo que. El pingüino es un animal ártico; y es más probable que se encuentre en regiones heladas."

Clarisse: "Sabes mucho sobre animales, ¿tienes una mascota?"

Alberto: "Solía hacerlo, pero ya no lo hago. Tuve un ratón una vez, y luego un cerdo, pero mi hermana se lo comió. Luego había un perro al que le gustaba perseguir al gato del vecino, pero se enfermó y murió después de que me fui de viaje."

Clarisse: "¿Qué animales son tus favoritos?"

Alberto: "Los animales que más me gustan son los que puedo comer o beber, especialmente los pollos y las vacas. Los que más odio son las serpientes y las abejas."

# ENGLISH

**Clarisse:** "Thanks for bringing me to the zoo. There are so many animals here. I can see lions, horses, elephants, monkeys, bears, rabbits and birds."

**Alberto:** "Look over there! That's a giant spider. Its called the tarantula. And in the water, there are big turtles, ducks, crabs, and dolphins."

**Clarisse:** "Are there penguins too?"

**Alberto:** "I doubt that. The penguin is an arctic animal; and so it is more likely to be found in icy regions."

**Clarisse:** "You know a lot about animals, do you have a pet?"

**Alberto:** "I used to, but I no longer do. I had a mouse once, and then a pig, but my sister ate it. Then there was a dog who liked to chase after the neighbor's cat, but it got sick and died after I had gone on a trip."

**Clarisse:** "Which animals are your favorite?"

**Alberto:** "The animals I like best are the ones I can eat or drink from, especially chickens and cows. The ones I hate most are snakes and bees."

## Chapter 4

# POSSESSIVES

**Keywords:** mas, mi, su, sus, tus, suyo, quiero, mis, nuestro, mío, mia, tu.

| | |
|---|---|
| The mother | La mama |
| The father | El papa |
| The money | El dinero |
| The toilet | El baño |
| No Sergio, the boy is not mine | No Sergio, el niño no es mío |
| No David, it is not mine | No David, no es mío |
| No Andres, the girl is not mine | No Andres, la niña no es mia |
| Yes Maria, the wine is mine | Sí Maria, el vino es mío |
| Is it yours? | ¿Es suyo? |
| Your duck drinks water | Tu patos bebe agua |
| Your animals eat more meat | Tus animals comen más carne |
| I read her letters | Yo leo sus cartas |
| His breakfast is an apple | Su desayuno es una manzana |
| My apples | Mis manzanas |
| My dad drinks wine | Mi papa bebe vino |
| My dad eats pasta | Mi papa come pasta |
| My dad eats vegetables | Mi papa come verduras |
| He is my dad | El es mi papa |
| My bear, my mouse, my rabbit | Mi oso, mi raton, mi conejo |
| My dog, my cat, my animals | Mi perro, mi gato, mis animales |
| My cat drinks milk | Mi gato bebe leche |
| My cats drink milk | Mis gatos beben leche |
| Our dogs drink milk | Nuestros perros beben leche |
| Our newspaper | Nuestro diario |
| The food is ours | La comida es nuestra |

**TRAINING TIME**

| | |
|---|---|
| The powder | El polvo |
| The apples are ours | Las manzanas es nuestras |
| Yes, the money is mine | Sí, el dinero es mío |
| I want my bread | Quiero mi pan |
| I do not want your money | No quiero tu dinero |
| Our fruit | Nuestra fruta |
| Our cat eats fish | Nuestra gata come pescado |
| They read our books | Ellas leen nuestras libros |
| They read our letters | Ellas leen nuestras cartas |
| Is it your bathroom? | ¿Es tu baño? |
| Do you need more money? | ¿Necesitas más dinero? |
| I need more water | Necesito más agua |
| Do you need a favor? | ¿Necesitas un favor? |
| Write more books | Escribe mas libros |
| The cat sleeps between the dogs | El gato duerme entre los perros |
| Her employees write | Sus empleados escriben |
| Bread with butter | Pan con mantequilla |
| I cook and you eat | Yo cocino y tu comes |
| He sleeps while i cook | El duerme mientras yo cocino |
| The following books | Los siguientes libros |
| She is going to lunch | Ella va al almuerzo |
| We are not brothers | No somos hermanos |
| You are an animal | Eres un animal |
| You can cut the sandwich | Usted puede partir el emparedado |
| She eats salad with oil | Ella come ensalada con aceite |

**TRAINING TIME**

# STORY MODE

## ESPAÑA

"El vestido es similar al mío." Dijo la señorita Alessia.

"La mayoría de los vestidos en nuestra tienda son similares con solo algunas pequeñas diferencias. Solo mira, este tiene cintas rojas, mientras que el tuyo es azul." Sr. Laurent respondió.

"Mira a ese hombre, por ejemplo, también compró algo similar para su hija, pero viene con un bolsillo."

"Ya veo. Tienes razón." dijo la señorita Alessia.

## ENGLISH

"The dress is similar to mine." said Miss Alessia.

"Most of the dresses in our store are similar with just a few small differences. Just look, this one has red ribbons, while yours is blue." Mr. Laurent replied.

"Look at that man, for example, he also bought something similar for his daughter, but it comes with a pocket."

"I see. You're right." said Miss Alessia.

## Chapter 5

# CLOTHING

**Keywords:** Zapatos, sombrero, cinturion, traje, vestido, pantalones, falda, camisa, botas, sueter, chaqueta, ropa, abrigo, gafas, corbata, calcetin, sombrero.

| | |
|---|---|
| Pants | El pantalon |
| The tie | La corbata |
| The look | La mirada |
| The hat | El sombrero |
| The hat is purple | El sombrero es purpura |
| My hats | Mis sombreros |
| The dress | El vestido |
| The clothes | La ropa |
| My jacket is brown | Mi chaqueta es marron |
| I need my pink socks | Necesito mis calcetines rosas |
| My tie is orange | Mi corbata es naranja |
| His suit | Su traje |
| No, my glasses are not white | No, mis gafas no son blancas |
| The boots are orange | Las botas son naranjas |
| The coat | El abrigo |
| My suit | Mi traje |
| The boot | La bota |
| The belt | El cinturón |
| The socks | Los calcetines |
| Your skirt is white | Tu falda es blanca |
| Your shoe | Tu zapato |
| Yes, the sock is green | Sí, el calcetín es verde |
| Your shirts are black | Tus camisas son negras |
| The belt is mine | El cinturón es mío |
| Yes, they are my boots | Si, son mis botas |

### TRAINING TIME

| | |
|---|---|
| The dresses are blue | Los vestidos son azules |
| A blue shoe | Un zapato azul |
| Our dresses | Nuestras vestidos |
| The boots, the shoes | Las botas, los zapatos |

| | |
|---|---|
| My belts are black | Mis cinturones son negros |
| The boot is black | La bota es negra |
| The skirts are green | Las faldas son verdes |
| It is a skirt | Es una falda |
| Her skirts are red | Sus faldas son rojas |
| Our shirts | Nuestras camisas |
| You need a white skirt | Necesitas una falda blanca |
| | |
| The dress is his | El vestido es suyo |
| The book is black | El libro es negro |
| He eats red meat | El come carne roja |
| The sock, the socks | El calcetín, los calcetines |
| | |
| Your coats | Tus abrigos |
| My skirts are gray | Mis faldas son grises |
| The jackets are red | Las chaquetas son rojas |
| I need my grey jacket | Necesito mi chaqueta gris |
| | |
| My shoe | Mi zapato |
| I need my brown sweater | Necesita mi suéter café |
| The color green | El color verde |
| The colors are blue, yellow, green | Los colores son azul, amarillo, verde |
| Our car is green | Nuestro coche es verde |

## TRAINING TIME

| | |
|---|---|
| Real | Reales |
| She spoke about her desires | Ella habló de sus deseos |
| This is the last step | Este es el último paso |
| I know her address | Yo se su dirección |
| The city is in the south | La ciudad está en el sur |
| I live up north | Vivo en el norte |
| She cooks for you | Ella les cocina a ustedes |

# STORY MODE

## ESPAÑA

**Niko:** "Esos zapatos son muy bonitos. Se ven costosos."

**Lola:** "Lo son. Necesitaba ropa nueva, así que fui de compras hoy."

**Niko:** "Eso es genial. ¿Qué más compraste?"

**Lola:** "Primero, compré un traje nuevo para el trabajo y luego el cinturón amarillo que había estado buscando desde el verano pasado. Luego compré unos pantalones, un vestido blanco y un abrigo para mi madre, y un par de camisas para mi papá. Entonces, justo cuando estaba por irme, vi las botas debajo de un par de faldas y decidí comprarlas para ti, junto con un suéter."

**Niko:** "Muchas gracias, lo aprecio".

---

"Hoy hace mucho viento." dijo la señorita Alessia, mientras salían del centro comercial.

"Esa es una señal de que el verano está por terminar." respondió el Sr. Laurent,

"Desearía haber tenido una chaqueta y un par de calcetines."

"Creo que tengo algunos calcetines en mi bolso. Déjenme ver." dijo el Sr. Laurent.

"No te preocupes, puedo comprar uno en esa otra tienda de ropa, puedo ver algunas buenas gafas a la venta en la ventana, también tienen buenas corbatas, vamos, echemos un vistazo."

# ENGLISH

Niko: "Those shoes are very nice. They look expensive."

Lola: "They are. I needed new clothes, so I went shopping today."

Niko: "That's great. What else did you buy?"

Lola: "First, I bought a new suit for the job, and then the yellow belt I had been looking for since last summer. Then I bought some pants, a white dress and a coat for my mother, and a pair of shirts for my Dad. Then, just when I was about to leave, I saw the boots under a pair of skirts and I decided to get them for you, along with a sweater."

Niko: "Thank you very much, I appreciate it."

---------------------

"It's very windy today." said Miss Alessia, as they left the mall.

"That is a sign that the summer is ending." replied Mr. Laurent.

"I wish I had got a jacket and a pair of socks."

"I think I have some socks in my bag. Let me see." said Mr. Laurent.

"Do not worry, I can buy one at that other clothing store, I can see some good glasses for sale at the window, they also have good ties, come on, let's have a look!"

# Chapter 6

## QUESTIONS

**Keywords:** Que, como, quién, quiénes, cual, cuales, Cuándo, pregunta, cuánto, cuántos.

| | |
|---|---|
| Question | Pregunta |
| Which? | Cuáles? |
| Who? | ¿Quién? |
| What? | ¿Cuál? |
| Why? | ¿Por qué? |
| How much? | Cuánto? |
| How many? | Cuántos? |
| What am I? | Que soy? |
| How? | ¿Cómo? |
| How do you write a letter? | ¿Cómo escribes una carta? |
| Who eats onion? | ¿Quién come cebolla? |
| Which birds? | ¿Cuáles pájaros? |
| Who is the boy? | ¿Quién es el niño? |
| Who is Sergio? | ¿Quién es Sergio? |
| Who are you? | Quién eres tu? |
| Which apples? | ¿Cuáles manzanas? |
| What am I? | ¿Qué soy? |
| Who eats chicken? | ¿Quiénes comen pollo? |
| What do you read? | ¿Que leen ustedes? |
| Who drinks milk? | ¿Quién bebe leche? |
| Which turtles? | ¿Cuáles tortugas? |
| What are you reading? | ¿Que lees? |
| What's your question? | ¿Cuál es tu pregunta? |
| He reads the question | Él lee la pregunta |
| How many books are ours? | ¿Cuántos libros son nuestros? |
| How much money do you need? | ¿Cuánto dinero necesitas? |
| Where? | ¿Dónde? |
| When do you eat bread? | ¿Cuándo comes pan? |
| What is the question? | ¿Cuál es la pregunta? |

**TRAINING TIME**

# STORY MODE

### ESPAÑA

"Hola, señorita Michelle, esta es Niko, una consultora de investigación de alimentos. Voy a realizar una encuesta para Simpleway Labs hoy, y me gustaría hacerle algunas preguntas si no le importa."

"Claro, adelante."

"Gracias."

"Primera pregunta, ¿comes al menos tres veces al día?"

"Si, lo hago."

"¿Cuándo te sientes más hambriento?"

"Por la mañana. Es por eso que nunca me pierdo el desayuno."

"¿Dónde desayunas?"

"En cámino al trabajo."

"¿Qué prefieres, huevos y tocino o sandwiches vegetarianos?"

"Huevos y tocino, no soy vegetariano."

"¿Cómo te gustan tus huevos preparados? hervido, frito o revuelto?"

"Me gustan crudos, especialmente antes de ir al gimnasio. Otras veces, me gustan las comidas fritas."

"¿Qué marca de huevos compras?"

"Huevos SW."

"¿Cuántas cajas compras en un mes?"

"Siete."

"¿Cuánto cuesta una caja?"

"Diez dólares."

"¿Ves algún programa de cocina en huevos?"

"Si. Hago."

"¿Cual es su favorito y por qué?"

"No tengo ninguna razón en particular, pero me gusta Eggs Bernado."

"Gracias por tu tiempo."

"De nada."

---

**ENGLISH**

---

"Hi, Miss Michelle, this is Niko, a food research consultant, I'm going to conduct a survey for Simpleway Labs today, and I'd like to ask you some questions if you do not mind."

"Sure, go ahead."

"Thank you."

"First question, do you eat at least three times a day?"

"Yes, I do."

"When do you feel most hungry?"

"In the morning. That's why I never miss breakfast."

"Where do you have breakfast?"

"On the way to work."

"What do you prefer, eggs and bacon or vegetarian sandwiches?"

"Eggs and bacon, I'm not a vegetarian."

"How do you like your prepared eggs? boiled, fried or scrambled?"

"I like them raw, especially before going to the gym. Other times, I like fried foods."

"What brand of eggs do you buy?"

"SW eggs."

"How many boxes do you buy in a month?"

"Seven."

"How much does a box cost?"

"Ten dollars."

"Do you watch any cooking show about eggs?"

"Yes, I do."

"Which is your favorite and why?"

"I do not have any reason in particular, but I like Eggs Bernado."

"Thanks for your time."

"You're welcome."

# Chapter 7

## VERBS

## VERBS - INFINITIVE

**Keywords:** Tocar, cargar, hablar, leer, pensar, pasar, ir, evitar, mantener, tomar, salir, llover, ver, tener, llegar, hacer, vivir, dar, regresar, ganar, conocer, ser, irse, recibir, caer.

| | |
|---|---|
| You ought to be positive | Tienes que ser positivo |
| It is not normal to sleep a lot | No es normal dormir mucho |
| She was able to eat | Ella logro comer |
| My friends stopped drinking | Mis amigos dejaron de beber |
| Can I see the room? | ¿Puedo ver la habitación? |
| Can we stay at your house? | ¿Podemos estar en tu casa? |
| It is not possible to have both things | No es posible tener ambas cosas |
| He allowed me to see Sergio | El me permitió ver a Sergio |
| Dani is too young to drink | Dani es muy joven para beber cerveza |
| What can we eat? | ¿Qué podemos comer? |
| You cannot be so sure | No puedes estar tan seguro |
| You cannot be parents | Ustedes no pueden ser padres |
| You can be a teacher | Tu puedes ser un maestro |
| Any bed is better than having no bed | Cualquier cama es major que no tener cama |
| Can I see the magazine? | ¿Puedo ver la revista? |

| | |
|---|---|
| Mary knows how to swim | Mary sabe nadar |
| You know how to read | Tu sabes leer |
| You all know how to write | Ustedes saben escribir |
| Please, do not touch | Por favor, no tocar |
| She has to go there | Ella tiene que ir alli |
| It started to rain | Comenzó a llover |
| Today, I can neither swim nor work | Hoy yo no puedo nadir ni caminar |
| We know how to read | Nosotras sabemos leer |
| We can write a book | Podemos escribir un libro |
| The girl can almost touch the table | La niña puede casi tocar la mesa |

## TRAINING TIME

| | |
|---|---|
| You insisted on walking | Usted insistio en caminar |
| They know how to read | Ellas saben leer |
| She cannot hear | Ella no puedo oir |
| They are about to depart | Ellos estan por partir |
| She can give us her car | Ella nos puede dar su coche |
| I cannot do it | No lo puedo hacer |
| She does not know what to say | Ella no sabe que decir |
| Can you repeat that again? | ¿Puede repetir eso de nuevo? |
| What to do? | ¿Que hacer? |
| But he can hear | Pero el puede oir |
| Can you make rice with chicken? | ¿Puedes hacer arroz con pollo? |
| May I speak to Pablo? | ¿Puedo hablar con Pablo? |
| My mother can go through | Mi madre puede pasar |
| It is impossible to know | Es imposible saber |

| | |
|---|---|
| They have to stop drinking | Tienen que dejar de beber |
| You have to weigh the suitcase | Tienen que pesar la maleta |
| I have to wake up at six | Me tengo que despertar a las seis |
| Where can I rent a car? | ¿Dónde puedo alquilar un coche? |
| Can i come in? | ¿Puedo entrar? |
| I cannot talk | No puedo hablar |
| I cannot stop writing | No puedo dejar de escribir |
| I have to rent a car | Yo tengo que alquilar un coche |
| I can talk with her | Yo puedo hablar con ella |
| My parents went to leave my uncle at the airport | Mis padres fueron a dejar a mi tio al aeropuerto |
| Now it is impossible to go out | Ahora es imposible salir |

## TRAINING TIME

| | |
|---|---|
| I do not know what to think | No se que pensar |
| He cannot drink water | El no puede tomar agua |
| Do i need to set the table? | ¿Necesito poner la mesa? |
| You cannot avoid that | No puedes evitar eso |
| You can meet my mother | Tu puedes conocer a mi madre |
| She can set the table | Ella puede poner la mesa |
| Upon leaving the station, i saw a mouse | Al salir de la estación vi un raton |
| That made me think | Eso me hizo pensar |
| She has to meet the owner | Ella tiene que conocer al dueño |
| It is better to avoid that zone | Es mejor evitar esa zona |

| | |
|---|---|
| I have to take the lamp from the desk | Tengo que tomar la lámpara del escritorio |
| You can meet my father | Usted puede conocer a mi padre |
| You can work | Tu puedes trabajar |
| Do I want to live here? | ¿Quiero vivir aquí? |
| It is time to return home | Es hora de volver a casa |
| Can you keep this? | ¿Puedes mantener esto? |
| It is not possible to take dogs to this hotel | No es possible llevar perros a este hotel |
| They can come in | Ellos pueden entrar |
| I cannot live without water | No puedo vivir sin agua |
| We can work | Podemos trabajar |
| Where can I find him? | ¿Dónde lo puedo encontrar? |
| She does not have to work | Ella no tiene que trabajar |
| The men have to enter the university | Los hombres tienen que entrar a la universidad |
| You have to wait here | Tienes que esperar aqui |
| I can understand that book | Yo puedo entender ese libro |

## TRAINING TIME

| | |
|---|---|
| I can create some things | Yo puedo crear algunas cosas |
| We can achieve it | Lo podemos lograr |
| She can obtain the money | Ella puede obtener el dinero |
| Can you get it? | La puedes conseguir? |
| You can search for the cat | Usted puede buscar al gato |
| They can obtain more money | Ellas pueden obtener mas dinero |
| They can look for the dog | Ellos pueden buscar al perro |
| She can wait five minutes | Ella puede esperar cinco minutos |

| | |
|---|---|
| You can create the menu | Tu puedes crear el menú |
| We can achieve it together | Lo podemos lograr juntos |
| We can obtain water | Nosotras podemos conseguir agua |
| He can tell us | El nos puede contar |
| She can try to go | Ella puede tartar de ir |
| She can change | Ella puede cambiar |
| They can catch up with us | Ellos nos pueden alcanzar |
| We have to play | Tenemos que jugar |
| She can win | Ella puede ganar |
| We have to establish the rules | Tenemos que establecer las reglas |
| They know how to count | Ellas saben contar |
| You can establish a restaurant | Tu puedes establecer un restaurante |
| You can try to eat | Tu puedes tartar de comer |
| I can play | Yo puedo jugar |
| Can you reach the ceiling? | ¿Puedes alcanzar el techo? |
| You can count on her | Puedes contar con ella |
| Can you remember that? | ¿Usted puede recordar eso? |

## TRAINING TIME

| | |
|---|---|
| He let the box fall | El dejó caer la caja |
| I have to pay for the car today | Tengo que pagar el coche hoy |
| She can improve | Ella puede mejorar |
| I can use it | La puedo utilizar |
| It is time to introduce your boyfriend | Es hora de presenter a tu novio |
| | ¿Como puedo pagar? |
| It is time to present your aunt | Es hora de presenter a tu tía |

|  |  |
|---|---|
| We have to improve on that | Tenemos que mejorar en eso |
| He cannot remember | El no puede recordar |
| We can fall down | Nosotros nos podemos caer |
| I cannot die | Yo no puedo morir |
| They can produce alcohol | Ellos pueden producir alcohol |
| I can consider that | Puedo considerar eso |
| I can accept the car | Yo puedo aceptar el coche |
| We can open the door | Podemos abrir la puerta |
| She cannot feel this | Ella no puede sentir eso |
| I am very close to solving this | Estoy muy cerca de resolver esto |
| This seems not to end | Esto no parece terminar |
| I need to open the window | Yo necesito abrir la ventana |
| They can die | Ellos pueden morir |
| Can we resolve this or not? | ¿Podemos resolver esto o no? |
| I cannot accept less | No puedo aceptar menos |
| They know how to produce more | Saben cómo producir más |
| You can die | Tu puedes morir |
| She can finish that book | Ella puede terminar ese libro |

**TRAINING TIME**

# VERBS - PRESENT

**Keywords:** Comer, tocar, escuchar, caminar, dormir, ir, hablar, cocinar, nadar, tener, hacer, pagar, correr, leer, escribir, estudiar, seguir, jugar, quedarse, encontrar, ayudar, mirar, venir, mostrar, pesar, prueba, apacigua, cierra, sueña, presenta, requiere, bebe.

| | |
|---|---|
| Sleep | Dormimos |
| Have | Tienen |
| Write | Escribo |
| My dad swims, your mom walks | Mi papá nada, tu mama camina |
| Sergio sleeps, Martina runs | Sergio duerme, Martina corre |
| What do you see? | ¿Que ves? |
| He has lunch | El tiene el almuerzo |
| You do not cook duck? | ¿No cocinas pato? |
| I have an animal, it is a mouse | Yo tengo un animal es un raton |
| No, you do not walk | No, tu no caminas |
| We do not sleep | Nosotros no dormimos |
| They cook the egg | Ellas cocinan el huevo |
| We do not run | Nosotros no corremos |
| The boys see the bear | Los niños ven el oso |
| Birds do not swim | Los pájaros no nadan |
| They have books | Ellos tienen libros |
| I do not pay | Yo no pago |
| We go | Nosotras vamos |
| Which dresses do you want? | ¿Cuales vestidos quieres? |
| Sergio wants a pink spider | Sergio quieres una araña rosa |
| You pay for the lunch | Tu pagas el almuerzo |
| No, you are not going | No, tu no vas |
| Yes, I go | Si, yo voy |
| We want apples | Nosotros queremos manzanas |
| Kids do not pay | Los niños no pagan |

**TRAINING TIME**

| | |
|---|---|
| The elephants want water | Los elefantes quieren agua |
| The boys do not go | Los niños no van |
| She goes, I go | Ella va, yo voy |
| They write | Ellas escriben |
| They read a book | Ellos leen un libro |
| I eat bread | Yo como pan |
| The boys drink water | Los niños beben agua |
| I do not hear | No oigo |
| Can we? | Podemos? |
| I ask a question | Yo hago una pregunta |
| You do not touch the onion | Tu no locas la cebolla |
| The bird does not speak | El pájaro no habla |
| I can | Yo puedo |
| You can | Tu puedes |
| We do not touch the chicken | Nosotros no tocamos el pollo |
| We make sauce | Nosotros hacemos salsa |
| The cat does not hear | El gato no oye |
| She speaks, they speak | Ella habla, ellas hablan |
| The boys listen | Los niños oyen |
| I do not touch the meat | Yo no tocó la carne |
| You cannot speak Spanish | Tu no hablas Español |
| I cannot speak Spanish | Yo no habló Español |
| Do you speak Spanish | ¿Hablas Español? |
| We do not pay | Nosotras no pagamos |
| They study the books | Ellas estudian los libros |

## TRAINING TIME

| | |
|---|---|
| Know | Se |
| Find | Encuentra |
| Game | Juego |
| Samples | Muestras |
| It rains | Llueve |

| | |
|---|---|
| I know | Yo sé |
| The dogs play | Los perros juegan |
| We find food | Nosotras encontramos comida |
| I find the dog | Yo encuentro el perro |
| The child plays | El niño juega |
| I do not know | No sé |
| There is no salt left | No queda sal |
| They follow their father | Ellos siguen a su padre |
| The woman tastes the bread | La mujer prueba el pan |
| You show your belt | Tu muestras tu cinturón |
| The dog helps the man | El perro ayuda al hombre |
| The chef weighs the meat | El cocinero pesa la carne |
| She looks to the window | Ella mira hacia la ventana |
| He comes with the girl | Elle viene con la niña |
| They try the rice | Ellos prueban el arroz |
| I weigh my son | Yo peso a mi hijo |
| He shows the letters | El muestra las cartas |
| We look at the menu | Nosotros miramos el menu |
| We help | Nosotros ayúdamos |
| You taste the rice | Tu pruebas el arroz |

## TRAINING TIME

| | |
|---|---|
| My aunt is alone | Mi tia esta sola |
| Martina closes the window | Martina cierra la ventana |
| I dream about my girlfriend | Yo sueño con mi novia |
| Do you all remember? | ¿Ustedes recuerdan? |
| They appear at night | Ellos aparecen en la noche |
| I look for my dog | Busco mi perro |
| They present their family | Ellas presentan a su familia |
| I am between you and him | Estoy entre tu y el |

|  |  |
|---|---|
| They are secure | Ellos estan seguros |
| We are at the dinner | Nosotras estamos en la cena |
| We remember our grandmother | Recordamos a nuestra abuela |
| She looks for her cat | Ella busca su gato |
| She closes the door | Ella cierra la puerta |
| Which dream? | ¿Cual sueño? |
| Go back! | ¡Vuelve! |
| I think of you | Pienso en ustedes |
| They do not give food | Ellas no dan comida |
| I accept the sofa | Acepto el sofá |
| She takes my sugar | Ella toma mi azúcar |
| I respect women | Yo respeto a las mujeres |
| She visits her family | Ella visita a su familia |
| He does not accept | El no acepta |
| They drink wine | Ellas toman vino |
| We think not | No pensamos |
| She gives water | Ella da agua |

## TRAINING TIME

|  |  |
|---|---|
| I return with my dog | Vuelvo con mi perro |
| He respects his wife | El respeta a su mujer |
| He visits the doctor | El visita al doctor |
| She takes the hat | Ella toma el sombrero |
| The bear does not fit through the door | El oso no cabe por la puerta |
| Yes, it seems familiar | Si, parece familiar |
| She starts tomorrow | Ella comienza mañana |
| He serves the rice | El sirve el arroz |
| Have you been to Madrid? | ¿Conoce usted Madrid? |
| You do not count | Tu no cuentas |
| The month ends on Monday | El mes acaba el lunes |
| You know my daughter | Conoces a mi hija |
| The shoes dont fit | Los zapatos no caben |
| I start tomorrow | Yo comienzo mañana |
| They seem natural | Parecen naturales |
| He counts the sandwiches | El cuenta los emparedados |

| | |
|---|---|
| We serve the dinner | Servimos la cena |
| September ends | Septiembre acaba |
| He signs the book | El firma el libro |
| The mother blames the child | La madre culpa al hijo |
| She delivers the letter | Ella entrega la carta |
| What does he feel for her? | Que siente el por ella? |
| They import his crib | Ellos importan su cuna |
| He includes his mother | Él incluye a su madre |
| He enters the kitchen | El entra en la cocina |

## TRAINING TIME

| | |
|---|---|
| They sign the book | Ellos firman el libro |
| I deliver food | Yo entrego comida |
| No, the color is not important | No, el color no es importante |
| They include a different suit | Ellas incluyen un traje differente |
| I import cheese | Yo importo queso |
| We sign his shirt | Nosotras firmamos su camisa |
| | |
| Mom, come in please | Mamá, entra por favor |
| Depends | Depende |
| He says | Él dice |
| May starts tomorrow | Mayo empieza mañana |
| We open the book | Abrimos el libro |
| My husband arrives late | Mi marido llega tarde |
| It needs work | Requiere trabajo |
| I say yes | Yo digo que si |
| You open the door | Usted abre la puerta |
| We arrive tomorrow | Nosotros llegamos mañana |
| The farmers say that the book is good | Los granjeros dicen que el libro es buen |
| When do they arrive? | ¿Cuándo llegan? |
| I open the juice | Yo abro elo jugo |
| He requires more food | Él requiere más comida |

| | |
|---|---|
| The painter depends on him | La pintora depende de él |
| Do you like summer? | ¿Te gusta el verano? |
| I do not buy it | No lo compro |
| He does not doubt it | El no lo duda |
| We return very late | Regresamos muy tarde |

## TRAINING TIME

| | |
|---|---|
| She asks for an apple | Ella pide una manzana |
| I save my neighbor | Yo salvo a mi vecino |
| I do not like those telephones | No me gustan estos telefonos |
| When do you return? | ¿Cuándo regresas? |
| The boy buys a dog | El chico compra un perro |
| She fills the bottle | Ella llena la botella |
| I doubt, he doubts | Yo dudo el duda |
| We save the animals | Nosotros salvamos a los animales |
| Does this bus stop in Madrid? | Este autobús para en Madrid? |
| He continues his document | El continúa su documento |
| He wins twenty dollars | El gana vente dólares |
| I ask him | Yo le preguntó a el |
| He mixes the onion | El mezcla la cebolla |
| She posesses a red car | Ella posee un coche rojo |
| He does not ask | El no pregunta |
| I stand on the street | Me paro en la calle |
| They mix juice and milk | Ellos mezclan jugo y leche |
| They continue | Ellos continuan |
| You earn a lot of money | Tu ganas mucho dinero |
| You ask the same thing as I do | Tu preguntas lo mismo que yo |
| I live in a city | Vivo en una ciudad |
| Do you allow dogs? | ¿Ustedes permiten perros? |
| Who receives the rabbit? | ¿Quién recibe el conejo? |

| | |
|---|---|
| He considers me a friend | El me considera un amigo |
| They use sugar | Ellos utilizan azúcar |

## TRAINING TIME

| | |
|---|---|
| He adds salt to the soup | El anade sal a la sopa |
| The car is worth a lot | El coche vale muche |
| Where do you live? | ¿Dónde vives? |
| My partner allows it | Mi compañero lo permite |
| You use the computer | Usted utiliza la computadora |
| They consider me a friend | Ellas me consideran un amigo |
| He lives in Germany | El vive en Alemania |
| We live here | Nosotros vivimos aqui |
| He recognizes her | Él la reconoce a ella |
| I spend money | Gasto dinero |
| He does not understand me | El no me entiende |
| She does not answer me | Ella no me responde |
| The sandwich contains cheese | El emparedado contiene queso |
| He beats his friend | Él derrota a su amigo |
| This interests a lot of people | Esto interesa a mucha gente |
| I do not understand | No entiendo |
| They defeat their enemies | Ellos derrotan a sus enemigos |
| You do not understand me | No me entienden |
| I spend too much | Yo gasto mucho |
| You recognize his shirt | Usted reconoce su camisa |
| The glass contains water | El vaso contiene agua |
| How much is the beer? | ¿Cuánto cuesta la cerveza |
| I cut the apple | Yo corto la manzana |
| How much is it? | ¿Cuánto es? |

| | |
|---|---|
| I drive the car | Yo conduzco el coche |

## TRAINING TIME

| | |
|---|---|
| I reject him | Lo rechazo |
| He leaves the food at my house | El deja la comida en mi casa |
| He deals with the children | El se ocupa de los niños |
| I drive | Yo manejo |
| She improves the menu | Ella mejora el menú |
| I observe him | Yo lo observo a el |
| He reaches for the hat | El alcanza el sombrero |
| He affects me | El me afecta |
| What is happening with you? | ¿Qué está pasando contigo? |
| I consult my boss | Yo consulto con mi jefe |
| I want a son | Yo deseo un hijo |
| He consults with Andrea | El consulta con Andrea |
| We spend the day together | Pasamos el dia juntos |
| My daughter wishes for a horse | Mi hija desea un caballo |
| He observes his daughter | El observa a su hija |
| The children go through here | Los niños pasan por aquí |
| I pass the wine to my mother | Yo le paso el vino a mi madre |
| I fly | Yo vuelo |
| I do not think so | No creo |
| She loses her keys | Ella pierde sus llaves |
| He reserves the table | El reserve la mesa |
| He expresses himself well | El se expresa bien |
| Now he tries this | Ahora el intenta esto |
| They set the table | Ellas ponen la mesa |
| She creates a menu | Ella crea un menú |

## TRAINING TIME

| | |
|---|---|
| Land | Caen |
| I rest | Yo descanso |
| I sing | Yo canto |
| I jump | Yo salto |
| That bird does not fly | Ese pájaro no vuela |
| You reserve a table | Tu reservas una mesa |
| The birds fly | Los pájaros vuelan |
| I put it here | Lo pongo aquí |
| You never lose | Usted nunca pierde |
| He does not treat Dani well | El no trata bien a Dani |
| I use the London Underground | Uso el Metro de Londres |
| My name is Carlito | Me llamó Carlito |
| The month ends tomorrow | El mes termina mañana |
| She believes that it is late | Ella cree que es tarde |
| He walks with my sister | El camina con mi hermana |
| He belongs here | El pertenece aqui |
| You do not belong here | Tu no perteneces aqui |
| She walks with my friend | Ella camina con mi amigo |
| My mother uses the oven | Mi madre usa el horno |
| You don't believe me | Ustedes no me creen |
| Michelle, you do not need a black skirt | Michelle, no necesitas una falda negra |
| They go out everyday | Ellos salen todos los dias |
| My son does not hate you | Mi hijo no te odia |
| He dries his shoes | El seca sus zapatos |
| The doctor cures me | El doctor me cura |

## TRAINING TIME

| | |
|---|---|
| I do not need my letters | No necesito mis cartas |
| He falls down | El se cae |
| Lift the plate | Levanta el plato |

| | |
|---|---|
| They offer more money | Ellas ofrecen mas dinero |
| The shooting gallery | La galería de tiro |
| I do not need more meat | No necesito más carne |
| Turn here | Gira aquí |
| I hate Mondays | Odio los lunes |
| The cat jumps on top of the table | El gato salta sobre la mesa |
| I dry my shirt | Yo seco mi casi |
| The train leaves at nine | El tren sale a las nueve |
| The audience sings together with the artist | La audencia canta junto a la artista |
| I leave tomorrow | Saigo mañana |
| She offers me her car | Ella me ofrece su coche |
| He waits five years | El espera cinco anos |
| She gets up at seven | Ella se levanta a las siete |
| She rests on Saturdays | Ella descansa los sábados |
| | |
| I discard the food | Yo tiro la comida |
| She needs it | Ella lo necesita |
| We need a table | Necesitamos una mesa |
| I rest on Sundays | Los domingos descanso |
| They get up soon | Se levantan pronto |
| I fall down | Yo me caigo |
| I hope not | Espero que no |
| I offer you coffee | Yo te ofrezco café |

## TRAINING TIME

| | |
|---|---|
| My son does not hate you | Mi hijo no te odia |
| He dries his shoes | El seca sus zapatos |
| The doctor cures me | La doctora me cura |
| I hate Mondays | Odio los lunes |
| I dry the shirt | Yo seco la camisa |

## VERBS – PRESENT PARTICIPLE

**Keywords:** Estado, seguido, reducido, abierto, suposición, audiencia, pasado, tenido, publicado, citado, tocado, permitido, ebrio, hecho, tratado, dado, tomado, ganado, enviado, venido, dejado, comido, perdido, dicho, desarrollado, visto, caminado, vivido, producido, demostrado, llovido.

|  |  |
|---|---|
| He has not eaten today | El no ha comido hoy |
| They have not known how to swim | Ellas no han sabido hadar |
| I have never been in that country | Nunca he estado en ese país |
| She has not been my teacher | Ella no ha sido mi maestro |
| I have always drunk water | Siempre he bebido agua |
| They have lived here for ten years | Ellos han vivido aqui por diez anos |
| We have never been here | Nunca hemos estado aqui |
| Have you eaten today? | ¿Has comido hoy? |
| My father has been to Australia twice | Mi padre ha estado en Australia dos veces |
| Lola has never been bilingual | Lola nunca ha sido bilingüe |
| We have lived in Canada | Nosotras hemos vivido en Canada |
| We have done it | Lo hemos hecho |
| You have tried to go | Tu has tratado de ir |
| It has stopped raining | Ha dejado de llover |
| Winter has gone | El invierno se ha ido |
| This has touched me a lot | Esto me ha tocado mucho |
| I have called on the phone | Yo he llamado por teléfono |
| She has not wanted to sleep | Ella no ha querido dormir |
| Silvia has gone to bed already | Silvia ya se ha ido a la cama |

| | |
|---|---|
| Have you touched an elephant? | ¿Has tocado un elefante? |
| The owner has called me | El dueño me ha llamado |
| I have read about that | Yo he leído sobre eso |
| They have missed the train | Han perdido el tren |
| I have never met him | Nunca lo he conocido a el |
| The worst has passed already | Lo peor ya ha pasado |

## TRAINING TIME

| | |
|---|---|
| He prepared the party alone | El solo ha preparado la fiesta |
| I have met two doctors | Yo he conocido a dos doctors |
| I have missed my train | He perdido mi tren |
| She has prepared lunch | Ella preparado el almuerzo |
| I have read about that | He leído sobre eso |
| She still has not arrived | Ella aun no ha venido |
| They have given us money | Ellos nosh an dado dinero |
| The last train has already left | El último tren ya ha salido |
| This has continued for months | Esto ha seguido por meses |
| It has not rained all day | No ha llovido en todo el dia |
| He has sent two letters | Él ha enviado dos cartas |
| We have not paid for the chicken | No hemos pagado por el pollo |
| We have followed Sergio all day | Nosotros hemos seguido a Sergio todo el dia |
| She has gone out | Ella ha salido |
| They have shown it before | Lo han demostrado antes |
| I have reduced the list to three | He reducido la lista a tres |

| | |
|---|---|
| I have received your letter | He recibido tu carta |
| The new prince has been born | Ha nacido el nuevo príncipe |
| We have not said that | No hemos dicho eso |
| She has allowed it | Ella lo ha permitido |
| She has forced me to talk | Ella me ha obligado a hablar |
| We have received money | Hemos recibidos dinero |
| The baby has been born | Ha nacido el bebe |
| Have you demonstrated that? | ¿Has demostrado eso? |
| I have heard enough | He oido suficiente |

## TRAINING TIME

| | |
|---|---|
| He has finished the program | El ha terminado el programa |
| I have taken two classes | Yo ha tomado dos clases |
| She has worn the same hat for a month | Ella ha llevado el mismo sombrero durante un mes |
| We have done it | Nosotros lo hemos realizado |
| I have never walked to your house | Nunca he caminado a tu casa |
| He has presented a new objective | Él ha presentado un nuevo objetivo |
| They have taken note | Han tomado nota |
| You have taken the photos to your house | Usted ha llevado las fotos a su casa |
| I heard that he is sick | He oido que esta enfermo |
| You have cited the book | Usted ha citado el libro |
| She has finally won | Finalmente ella ha ganado |
| He has chosen well | Ella elegido bien |
| You have closed the door | Usted ha cerrado la puerta |

| | |
|---|---|
| I have not ordered this | No he pedido esto |
| She has been able to eat | Ella ha logrado comer |
| You have developed a good menu | Tu has desarrollado un buen menú |
| He has chosen the number six | Él ha elegido el número seis |
| We have never had cats | Nunca hemos tenido gatos |
| You have produced a few of them | Has producido unos Cuántos |
| He has not spoken since yesterday | El no hablado desde ayer |
| They have never cooked | Ellos nunca han cocinado |
| They have suffered a lot | Ellos han sufrido mucho |
| I have not felt well | No me he sentido bien |
| They have put their pants on | Ellos se han puesto sus pantalones |
| He has felt something | El ha sentido algo |

## TRAINING TIME

| | |
|---|---|
| I have never cooked fish | Nunca he cocinado pescado |
| I have had enough | He tenido suficiente |
| We have never had cats | Nunca hemos tenido gatos |
| I have written three letters | He escrito tres cartas |
| Now, all has been determined | Ahora, todo se ha determinado |
| That has opened a door | Eso ha abierto una puerta |
| You have foreseen it all | Lo has previsto todo |
| We have established that | Eso lo hemos establecido |
| I have changed | Yo he cambiado |
| I have foreseen that | Yo he previsto eso |
| She has written two books | Ella ha escrito dos libros |

|  |  |
|---|---|
| Have you seen Martina today? | ¿Has visto a Martina hoy? |
| Have you seen Sergio this week? | ¿Has visto a Sergio esta semana? |
| They have used everything | Ellos he utilizado todo |
| I have arrived at the hacienda | He llegado a la hacienda |
| We have arrived | Hemos llegado |
| They have used a knife | Han utilizado un cuchillo |
| Have you seen my camera? | ¿Has visto mi camara? |
| They have utilized the computer | Ellos han utilizado la computadora |
| I have seen it | Lo he visto |
| The final moment is mine | El momento final es mío |
| The horse runs, the bear walks, the duck swims | El caballo corre, el oso camina, el pato nada |
| She offered more | Ella ofreció más |
| He caught the bird | El alcanzo al pájaro |
| Did you consider that? | ¿Tu consideraste eso? |

## TRAINING TIME

|  |  |
|---|---|
| She insisted | Ella insistio |
| We do not eat during dinner | No leemos durante la cena |
| We are not new | Nosotros no somos nuevos |
| It is a crib | Es una cuna |
| She caught me | Ella me alcanzo |
| Did you try? | Intentaste? |

# VERBS - PAST

**Keywords:** Perdido, logrado, tocado, comenzado, decidido, pedido, considerado, venido, sucedido, fue, escrito, ingresado, seguido, conseguido, explicado, terminado, querido, permitido, presentado, sabido, dejado, comenzado, aparecido, alcanzado.

|  |  |
|---|---|
| We went to the restaurant and ate pasta | Fuimos al restaurant y comimos pasta |
| I liked that lemon | Me gustó ese limón |
| You spoke with my sister | Usted habló con mi hermana |
| He was my student | El fue mi estudiante |
| You were not in the hotel | Usted no estuvo en el hotel |
| My friends drank beer | Mis amigos bebieron cerveza |
| Yesterday I drank wine | Ayer bebí vino |
| Did you eat pasta? | ¿Comiste pasta? |
| I was not at my house today | Hoy no estuve en mi casa |
| I liked those women | Me gustaron esas mujeres |
| I went to the park with Maria yesterday | Ayer fui al parque con Maria |
| Yesterday, I spoke with my brother | Ayer yo hablé con mi hermano |
| You were my student | Tu fuiste mi estudiante |
| I saw him recently | Lo vi hace poco |
| Birds do not swim | Ayer no llovio |
| I heard a person in my house | Oi a una persona en mi casa |
| You wanted it | Lo quisiste |
| The doctors said no | Los doctores dijeron que no |
| You never told me that | Nunca me dijiste eso |
| I touched the cat | Yo toqué al gato |
| She loved him | Ella lo quiso a el |

| | |
|---|---|
| Did you hear the birds? | Oiste a los pájaros? |
| My friend did not see those strawberries | Mi amigo no vio esas fresas |
| We saw tons of coffee | Vimos toneladas de cafe |
| It rained a lot today | Hoy llovio mucho |

## TRAINING TIME

| | |
|---|---|
| She touched the table | Ella tocó la mesa |
| I did it | Lo hice |
| You had a television | Usted tovo una television |
| You gave food | Usted dio comida |
| You came to the institute | Usted llego al instituto |
| Is it at least possible? | ¿Es siquiera possible? |
| He left the food at my house | El dejó la comida en mi casa |
| She did not stay at my house | Ella no se quedó en mi casa |
| They had two cars | Ellas tuvieron dos coches |
| You gave money | Ustedes dieron dinero |
| We arrived yesterday | Nosotros llegamos ayer |
| When did you do that? | ¿Cuándo hiciste eso? |
| I stayed at the house | Yo me quedé en la casa |
| They left the kid at my house | Ellas dejaron al niño en mi casa |
| She explained her culture to me | Ella me explicó su cultura |
| Where did it happen? | ¿Dónde paso? |
| He returned | El volvio |
| He began here | Él comenzó aquí |
| He put on the shirt | El se puso la camisa |
| She came alone | Ella vino sola |
| The baby just ate | Elle bebé recien como |
| They started this | Ellos comenzaron esto |
| Where did we put the mirror? | ¿Dónde pusimos el espejo? |

## TRAINING TIME

|  |  |
|---|---|
| We passed by his gallery yesterday? | Nosotros pasamos por su galería ayer |
| I put the book on the table | Puso el libro en la mesa |
| She returned | Ella volvio |
| He explained his book | Él explicó su libro |
| He came from far away | Él vino de lejos |
| The party already began | La fiesta ya empezo |
| Who decided this? | ¿Quién decidió esto? |
| He took his car to the house | El llevó su coche a la casa |
| He never asked | El jamas preguntó |
| The woman asked for wine | La mujer pidió vino |
| She went out with some friends | Ella salio con unos amigos |
| You received the keys | Usted recibió las llaves |
| I already decided | Yo ya decidí |
| She asked for the food | Ella pidió la comida |
| He received the money | El recibió el dinero |
| My mother never went out | Mi madre jamas salio |
| He wore my coat | El llevó mi abrigo |
| She asked for her friend | Ella preguntó por su amigo |
| It began ten minutes ago | Empezo hace diez minutos |
| She opened the door | Ella abrió la puerta |
| He did not drink a lot | Él no bebió mucho |
| What happened here? | ¿Que occurrio aqui? |
| She found money | Ella encontró dinero |
| He achieved that | El logro eso |
| She looked through the window | Ella miró por la ventana |

**TRAINING TIME**

| | |
|---|---|
| He introduced me to his wife | El me presentó a su esposa |
| I took it | Lo tomé |
| He opened the window | El abrió la ventana |
| He found my boyfriend | El encontró a mi novio |
| It occurred yesterday | Occurrio ayer |
| She called the police | Ella llamó a la policía |
| He thought about his parents | El pensó en sus padres |
| I did not follow my friend | Yo no seguí a mi amiga |
| Yes he found out | Si, el supo |
| She did not answer | Ella no respondio |
| You came into the hotel | Usted entro al hotel |
| She showed that picture of her daughter | Ella mostró esa foto de su hija |
| How did you find out? | ¿Como supiste? |
| Did you follow your brother? | ¿Seguiste a tu hermano? |
| They called me | Ellos me llamaron |
| He followed the rules | El siguió las reglas |
| I called you this morning | Te llamé esta mañana |
| You called Dani | Usted llamó a Dani |
| She asked and answered | Ella preguntó y respondio |
| Then he showed it to his friends | Luego se lo mostró a sus amigos |
| I lost it | Lo perdí |
| You felt that | Usted sintio eso |
| Did you finish the plate? | ¿Terminaste el plato? |
| He won nine thousand dollars | El ganó nueve mil dólares |
| He fell off the horse | El se cayó del caballo |

**TRAINING TIME**

| | |
|---|---|
| You remembered my sons | Usted recordo a mis hijos |
| I initiated that | Yo inicié eso |
| He lost | El perdio |
| Your mother initiated this | Tu madre inició eso |
| What did you feel? | ¿Que sentiste tu? |
| It is over | Se termino |
| Yesterday I finished the suit | Ayer termine el traje |
| The summer vacation is over | Las vacaciónes de verano terminaron |
| She fell down | Ella se cayó |
| He appeared without a shirt | El apareció sin camisa |
| Her boss allowed it | Lo permitió su jefa |
| He obtained water | El consiguio agua |
| You did not write to me | Usted no me escribio |
| You did not reply to me | Usted no me contesto |
| She told us that | Ella nos conto eso |
| You obtained that? | ¿Usted obtuvo eso? |
| I wrote to him | Yo le escribi a el |
| They wrote to me | Ellos me escribieron |
| He appeared on television | El apareció en la television |
| She got wine | Ella consiguio vino |
| He answered the phone | Él contestó el teléfono |
| Who allowed that? | ¿Quién permitió eso? |
| He received wine | Obtuvo vino |
| The boy counted to ten | El niño conto hasta diez |
| Did you consider that? | Usted considero eso? |

**TRAINING TIME**

## VERBS – PAST PERFECT

**Keywords:** Sufrido, perdido, tenido, comido, venido, ido, cerrado, supuesto, llegado, conseguido, vivido, dirigido, llamado, escrito, probado, encontrado, muerto, oído, conocido, dado, comido, partido, ganado, demostrado, hablado, producido, demostrado, sentido.

| | |
|---|---|
| We had eaten | Nosotros habiamos comido |
| You have lived in this house for many years | Has vivido en esta casa por muchos años |
| They had lost their keys | Ellos habian perdido sus llaves |
| They had gone to talk | Habian ido a hablar |
| He had come to the hotel | El habia venido al hotel |
| We had gone to a bar | Habiamos ido a un bar |
| You had lived in a hotel | Ustedes habian vivido en un hotel |
| We had found the hotel | Habiamos encontrado el hotel |
| I had already formed a group | Yo ya habia formado un grupo |
| We had obtained a car | Habiamos obtenido un coche |
| They had tried to eat | Ellos habian tratado de comer |
| We had discovered the food | Nosotros habiamos descubierto la comida |
| My wife had called | Mi esposa habia llamado |
| You had established a restaurant | Ustedes habian establecido un restaurante |
| You had obtained wine | Tu habias conseguido vino |
| I had died | Yo habia muerto |
| They had led the country | Ellas habian dirigido el país |
| We had produced a lot of cheese | Habiamos producido mucho queso |

| | |
|---|---|
| They had given him a vacation | Le habian dado vacaciones |
| I had already drunk coffee | Yo ya habia tomado café |
| We had known our mother | Nosotros habiamos conocido a nuestra madre |
| I had decided not to go | Yo habia decidido no ir |
| Their father had died | Su padre habia muerto |
| That is how I know that he had never produced it | Por eso se que nunca lo habia producido |
| He had given it to me | Me lo habia dado el |

## TRAINING TIME

| | |
|---|---|
| She had opened the door | Ella habia abierto la puerta |
| We had heard that | Habiamos oido eso |
| You had cut the cheese | Tu habias partido el queso |
| I had spoken with her | Yo habia hablado con ella |
| She had earned more money | Ella habia ganado mas dinero |
| I had already proven it | Yo ya lo habia demostrado |
| I had never felt this | Yo jamas habia sentido esto |
| The train had already departed | El tren ya habia partido |
| We had already spoken about that | Ya habiamos hablado de eso |
| She had not earned anything | Ella no se habia ganado nada |
| I had heard of this place | Habia oido de este lugar |
| I had written a book | Yo habia escrito un libro |
| You had closed the door | Ustedes habian cerrado la puerta |

| | |
|---|---|
| He had suffered enough already | Ya el habia sufrido bastante |
| I had run out of bread | Me habia quedado sin pan |
| I had assumed the same | Yo habia supuesto lo mismo |
| Yes, she had suffered | Si, ella habia sufrido |
| I had run out of rice | Me habia quedado sin arroz |
| The men are strong | Los hombres son fuertes |
| I am able to | Yo si puedo |
| With or without water | Con o sin agua |
| Your mother is a professor | Tu madre es profesora |
| She is a bad student | Ella es una mala estudiante |
| The bread and the water | El pan y el agua |
| No, you are the first | No, tu eres la primera |

## TRAINING TIME

| | |
|---|---|
| Our rabbit does not drink milk | Nuestro conejo no bebo leche |
| The child drinks water | El niño bebe agua |
| The neighbor did not insist | El vecino no insistió |
| He denied it | El lo negó |
| He offered more money | El ofrecio mas dinero |
| She took out a knife | Ella sacó un cuchillo |
| He tried | El intentó |
| I denied it | Yo lo negué |
| The monkey walks near the horse | El mono camina cerca del caballo |
| Do you sleep between them? | ¿Tu duermes entre ellos? |
| The apples are big | Las manzanas son grandes |

# STORY MODE

## ESPAÑA

Hoy es el primer día de la primavera y es un lunes. Alrededor de este tiempo, todos los años, algunos animales entran en un estado de sueño profundo llamado hibernación. Esto es común para la mayoría de los osos, excepto el que vive cerca del lago en la ciudad de Las Palmas. Temprano en el día, Sergio y Roberto decidieron ir al bar junto al lago, ver a su amigo y celebrar la nueva temporada. Dani quería venir con ellos, pero se negaron porque él es demasiado joven para beber. Probablemente fue la mejor opción, porque cuando se acercaron al bar, los chicos vieron al oso caminando hacia ellos. Si Dani hubiera venido, se habría desmayado, pero los chicos fueron valientes, y se quedaron perfectamente quietos, hasta que sucedió. Poco después, los chicos entraron al bar y presenciaron una discusión.

"Los hombres pagan, yo bailo, no pago." gritó Carla.

"No es posible tener ambas cosas, Carla, no podemos pagarte un salario y aún así darte bebidas y alimentos gratis." dijo el gerente del bar.

"Está bien, hemos llegado, vamos a pagar por todo." dijo Sergio.

# ENGLISH

Today is the first day of spring and it is a Monday. Around this time, every year, some animals enter a state of deep sleep called hibernation. This is common for most bears, except for the one that lives near the lake in the city of Las Palmas. Early in the day, Sergio and Roberto decided to go to the bar by the lake, see their friend and celebrate the new season. Dani wanted to come with them, but they refused because he is too young to drink. It was probably the best option, because when they approached the bar, the boys saw the bear walking towards them. If Dani had come, he would have fainted, but the boys were brave, and they stayed perfectly still, until it happened. Soon after, the boys entered the bar and witnessed an argument.

"Men pay, I dance, I do not pay." Carla shouted.

"It's not possible to have both, Carla, we can not pay you a salary and still give you free drinks and food." said the bar manager.

"It's okay, we've arrived, we're going to pay for everything." Sergio said.

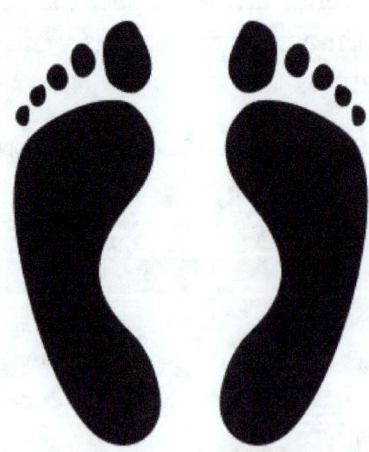

## Chapter 8

## FAMILY

**Keywords:** Padre, madre, tío, esposo, esposa, hermanos, abuelos, tía, familia, novia, bebé, primos.

|  |  |
|---|---|
| The family | La familia |
| Father | Padre |
| Mother | Madre |
| Son | Hijo |
| Daughter | Hija |
| Children | Hijos |
| Brothers | Hermanos |
| Sisters | Hermanas |
| Grandfather | Abuelo |
| Grandmother | Abuela |
| Husband | Marido |
| Baby | Bebé |
| My mother is from Switzerland | Mi madre es de Suiza |
| My father loves my mother | Mi padre quiere a mi madre |
| Father and daughter | Padre e hija |
| The woman does not see the boy | La mujer no ve al niño |
| The boy's dog | El perro del niño |
| We have a son and a cat | Tenemos un hijo y una gata |
| We are his children | Nosotros somos sus hijos |
| Who are your parents? | ¿Quiénes son tus padres? |
| I have sons and daughters | Tengo hijos e hijas |
| Dani is not your father | Dani no es su padre |
| My child is from Italy | Mi hijo es de Italia |
| Sergio and Roberto are my sons | Sergio y Roberto son mis hijos |
| Martina is not my mother | Martina no es mi madre |

## TRAINING TIME

| | |
|---|---|
| Andres is not my father | Andres no es mi padre |
| Yes, Alberto is my husband | Si, Alberto es mi esposo |
| Luis is my brother | Luis es mi hermano |
| I am his wife | Yo soy su esposa |
| They are my uncles | Ellos son mis tíos |
| She is my aunt | Ella es mi tía |
| She and my mother are sisters | Ella y mi madre son hermanas |
| You are our wives | Ustedes son nuestras esposas |
| | |
| No, you do not have babies | No, no tienes bebés |
| What do you have under the shoes? | ¿Que tienes bajo los zapatos |
| My mother is a grandmother | Mi madre es una abuela |
| Chico is my grandfather, my grandmother is Rosa | Chico es mi abuelo, mi abuela es Rosa |
| My family is from Germany | Mi familia es de Alemania |
| Thank you Grandma | Gracias abuela |
| The blue hat is for my grandmother | El sombrero azul es para mi abuela |
| He is not my cousin | El no es mi primo |
| Sergio and Roberto are my cousins | Sergio y Roberto son mis primas |
| Dani is my cousin | Dani es mi primo |
| The white hat is not for my grandmother | El sombrero blanco no es para mi abuela |
| We are cousins | Somos primos |
| We talk about books | Hablamos acerca de libros |
| | |
| Alberto and Sonia have a baby | Alberto y Sonia tienen un bebé |
| My wife is the mother of my sons | Mi esposa es la madre de mis hijos |
| After saying that, he left with his wife | Después de decir eso, se fue con su esposa |
| He feels it | El lo siente |

# STORY MODE

## ESPAÑA

**Clarisse:** "Tu hermana menor, Elena, acaba de subir una foto de Instagram, hay muchas personas, parece un gran retrato de familia."

**Martina:** "Sí, un fotógrafo llegó a la casa hoy, y todos hicimos algunas fotos para celebrar el cumpleaños de mi abuelo."

"A la izquierda están mi hermano y su esposa. Estuvieron casados recientemente y acaban de regresar de su luna de miel. A la derecha está mi padre, a quien has conocido innumerables veces."

"Este es el miembro más nuevo de la familia, mi sobrina Stella. Ella es solo un bebé, pero es muy hermosa."

"Esta es mi madre y mi tío, el abogado. Mi abuela está sentada al lado de su esposo, el celebrante; Y en el piso, tenemos a mis primos y mi sobrino."

**Clarisse:** "Esa es una gran foto familiar."

**Martina:** "Lo sé, me encanta."

# ENGLISH

**Clarisse:** "Your younger sister, Elena, just uploaded an Instagram photo, there are many people, it looks like a great family portrait."

**Martina:** "Yes, a photographer came to the house today, and we all took some pictures to celebrate my grandfather's birthday."

"On the left are my brother and his wife. They were recently married and have just returned from their honeymoon. On the right is my father, whom you have met innumerable times."

"This is the newest member of the family, my niece Stella. She is only a baby, but she is very beautiful."

"This is my mother and my uncle, the lawyer. My grandmother is sitting next to her husband, the celebrant; And on the floor, we have my cousins and my nephew."

**Clarisse:** "That's a great family photo."

**Martina:** "I know, I love it."

# Chapter 9

## DETERMINERS

**Keywords:** Eso, cuántos, otros, cualquiera, eso, todos, muchos, eso, algunos, esto, esto, ninguno, ambos, pocos, cada uno, eso.

| | |
|---|---|
| Carlos is a lion | Carlos es un león |
| Dani reads a book | Dani lee un libro |
| Tom is an English engineer | Tom es un ingeniero inglés |
| Marco is an elephant | Marco es un elefante |
| Alvaro is a person | Alvaro es una persona |
| Roberto is a rabbit | Roberto es un conejo |
| My son, Matthew, is a year old | Mi hijo, Matthew, tiene un año |
| Andrea is a turtle | Andrea es una tortuga |
| Sergio cooks a rabbit | Sergio cocina un conejo |
| David has a black book | David tiene un libro negro |
| | |
| Those men are bad | Esos hombres son malos |
| Each door, each window | Cada puerta, cada ventana |
| She has a lot of sauce | Ella tiene mucha salsa |
| Some specialists | Algunos especialistas |
| All the women | Todas las mujeres |
| These are my cats | Estos son mis gatos |
| For both | Por ambas |
| I have a few cats | Tengos unos cuántos gatos |
| | |
| Some dresses are white | Algunos vestidos son blancos |
| This is my daughter | Esta es mi hija |
| What time is it? | ¿Que hora es? |
| Do you have another bathroom? | ¿Tiene otro baño? |
| At any time | A cualquier hora |
| She does not have any brothers | Ella no tiene ningun hermano |
| The other women | Las otras mujeres |

## TRAINING TIME

|  |  |
|---|---|
| The work | La obra |
| The activity | La actividad |
| The possibility | La posibilidad |
| My room does not have any windows | Mi habitación no tiene ninguna ventana |
| I do not have a cat | No tengo un gato |
| The wine is of good quality | El vino es de buena calidad |
| You're my type | Eres mi tipo |
| They are of the same age | Son de la misma edad |
| The process was long | El proceso fue largo |
| It is the new reality | Es la nueva realidad |
| I had no time to eat | No tuve tiempo para comer |
| I have two types of coats | Tengo dos tipos de abrigos |
| Write your age | Escribe tu edad |
| Names are personal | Los nombres son personales |
| She is a victim of the circumstances | Ella es una victim de las circunstancias |
| She did it on purpose | Ella lo hizo a proposito |
| The boy is very dedicated | El niño es muy dedicado |
| He hates speaking in public | El odia hablar en público |
| They need our protection | Ellas necesitan nuestra protección |
| The purpose is good | El proposito es bueno |
| We lost the competition | Nosotros perdimos la competencia |
| I am in the witness protection program | Estoy en el programa de protección a testigos |
| Both selections are very good | Las dos selecciónes son muy buenas |
| It is a good thought | Es un buen pensamiento |
| Those characters are good | Esos personajes son buenos |

# STORY MODE

## ESPAÑA

Carlos: "¿Cuántas ventanas hay en esta casa? Todos dicen que hay ocho, pero no estoy de acuerdo."

Marco: "Mi baño no tiene ventanas, entonces hay siete en total"

Carlos: "¿Qué hay de la casa en Valencia? ¿Cuántos tienes en total?"

Marco: "Cuatro."

Carlos: "¿Solo cuatro? Eso no es lo suficientemente bueno. Teniendo en cuenta el tamaño de las habitaciones, necesita mucha ventilación."

Marco: "Algunas ventanas son muy caras, lo que me dificulta comprar más de siete en un año."

Carlos: "Si su teléfono puede navegar, debe echar un vistazo a algunas de las imágenes en mi sitio web, cada una cuesta menos de setenta dólares, creo que son asequibles y de igual calidad con esta otra marca."

* búsquedas en Internet *

Marco: "Estas ventanas son bonitas, especialmente las dos en la esquina superior izquierda, me gustan las dos."

Carlos: "Sabía que lo haría, y como quiero ser mi primer cliente este mes, le ofreceré un descuento del cinco por ciento si compra ambos."

Marco: "Sí, lo haría, ¿puedo tener tu número de teléfono?"

# ENGLISH

Carlos: "How many windows are in this house? Everyone says there are eight, but I do not agree."

Marco: "My bathroom does not have windows, so there are seven in total."

Carlos: "What about the house in Valencia? How many do you have in total?"

Marco: "Four."

Carlos: "Only four? That's not good enough. Considering the size of the rooms, you need a lot of ventilation."

Marco: "Some windows are very expensive, which makes it difficult for me to buy more than seven in a year."

Carlos: "If your phone can browse, you should take a look at some of the images on my website, each one costs less than seventy dollars, I think they are affordable and of equal quality with this other brand."

* Internet searches *

Marco: "These windows are pretty, especially the two in the upper left corner, I like both."

Carlos: "I knew I would, and since I want to be my first customer this month, I will offer you a five percent discount if you buy both."

Marco: "Yes, I would, can I have your phone number?"

# Chapter 10

## ADVERBS

**Keywords:** En general, ya, entonces, incluso, solo, posiblemente, prácticamente, inmediatamente, aproximadamente, lentamente, especialmente, seguramente, siempre, muy, naturalmente, lentamente, casi, solo, simplemente, normalmente, fácilmente, supuestamente.

| | |
|---|---|
| **Okay** | **Bien** |
| **Almost** | **Casi** |
| **He eats a lot** | El come mucho |
| **You're so strong** | Eres muy fuerte |
| **We are not necessary here** | No somos necesarios aquí |
| **Eat less bread** | Come menos pan |
| **I am like that** | Yo soy asi |
| **They speak well of Alejandro** | Ellos hablan bien de Alejandro |
| **Is Fernando here?** | ¿Está Fernando aquí? |
| **I am fine, I am in Canada** | Estoy bien, estoy en Canada |
| **He is not welcome here!** | ¡No es bienvenido aquí! |
| **Welcome, your table is here** | Bienvenido, aqui esta su mesa |
| **She talks a lot** | Ella hablas mucho |
| **I want less soup** | Quiero menos sopa |
| **I am very tall** | Soy muy alta |
| **They are very popular** | Ellas son muy populares |
| **I never eat fish** | Nunca como pescado |
| **A year later** | Un año después |
| **He is just a child** | Él es solo un niño |
| **Me too** | Yo también |
| **You always pay** | Tu siempre pagas |
| **The shoes are already old** | Los zapatos ya estan viejos |

| | |
|---|---|
| I am almost another person | Soy casi otra persona |
| He never watches television | El nunca ve la televisión |
| What comes afterwards | Que viene después |

## TRAINING TIME

| | |
|---|---|
| We always make chicken with rice | Nosotros siempre hacemos arroz con pollo |
| I no longer drink beer | Ya no bebo cerveza |
| You are also doctors | Ustedes también son doctores |
| I only have an hour | Tengo solo una hora |
| I never eat meat | Yo nunca como carne |
| They do not have much | Ellos no tienen tanto |
| Besides, it is not true | Además, no es cierto |
| Walk slower | Camina más despacio |
| He knows where it is | El sabe dónde esta |
| Before and after | Antes y después |
| And then? | ¿Y entonces? |
| Now I want fish | Ahora quiero pescado |
| Eat slowly | Come despacio |
| Besides, the horse is mine | Además, el caballo es mío |
| If she walks, then he walks | Si ella camina, entonces el camina |
| I have as much as you | Tengo tanto como tu |
| Besides, I am not an actor | Además, yo no soy actor |
| Slow, please | Despacio, por favor |
| Now, it is very late | Ahora es muy tarde |
| Neither can i | Yo tampoco puedo |
| Have a good day, and see you soon | Buen dia, y hasta pronto |
| I dream too much | Sueño demasiado |
| I go there alone | Voy alli solo |
| Yes, of course | Si, desde luego |
| She is not here yet | Ella no es aqui todavía |

## TRAINING TIME

| | |
|---|---|
| Too | Demasiado |
| Especially | Especialmente |
| Of course! | Por supuesto! |
| Perhaps | Quizás |
| Of course not! | Por supuesto que no! |
| Enough | Bastante |
| She is even more beautiful | Ella es aún más bonita |
| See you later | Hasta luego |
| The dog eats there | El perro come allí |
| See you soon | Hasta pronto |
| It is not yet nighttime | Todavía no es de noche |
| You still can | Tu aún puedes |
| You are still young | Todavía eres joven |
| These trousers are too large | Estos pantalones son demasiado grandes |
| She is there | Ella esta alli |
| In general, it is white | En general, es blanca |
| Very far | Muy lejos |
| It is finally here | Finalmente, está aquí |
| You write especially for us | Ustedes escriben especialmente para nosotras |
| Finally, it is Friday | Finalmente, es viernes |
| Do you sleep a lot? | ¿Duermes bastante? |
| You are simply beautiful | Eres simplemente bonita |
| My sister never drinks | Mi hermana jamas bebe |
| It is totally normal | Es totalmente normal |
| No, currently no | No, actualmente no |

## TRAINING TIME

| | |
|---|---|
| Generally | Generalmente |
| I only have one shoe | Tengo solamente un zapato |
| She walks around | Ella camina alderedor |
| He speaks really well | El habla realmente bien |
| My brother never drinks | Mi hermano nunca bebe |
| This is totally different! | ¡Esto es totalmente distinto! |

|  |  |
|---|---|
| I never swim | Jamas nado |
| You truly are a good person | Eres una persona realmente Buena |
| Yes, I go immediately | Sí, voy immediatamente |
| Maybe it is too much | Quizá es demasiado |
| Likewise, goodbye | Igualmente, Adiós |
| He probably arrives today | El probablemente llega hoy |
| Below the table | Debajo de la mesa |
| We go forward | Vamos hacia adelante |
| You are practically my brother | Eres prácticamente mi hermano |
| Thank you, doctor, likewise | Gracias, doctor, igualmente |
| Perhaps it is possible | Quizás es posible |
| My cat sleeps under the sofa | Mi gato duerme debajo del sofá |
| The pig is below the table | El cerdo está debajo de la mesa |
| They are equally responsible | Ellos son igualmente responsables |
| They arrive immediately | Ellos llegan immediatamente |
| He only eats pasta | El unicamente come pasta |
| It is perfectly possible | Es perfectamente posible |
| She eats mainly sugar | Ella come principalmente azúcar |
| We talked recently | Nosotros hablamos recien |

## TRAINING TIME

|  |  |
|---|---|
| Completely | Completamente |
| Definitely | Definitivamente |
| Exactly! | Exactamente! |
| We are approximately here | Estamos apróximadamente aquí |
| It is mainly sugar | Es principalmente azúcar |

|  |  |
|---|---|
| She only eats fruit | Ella unicamente come fruta |
| Yes, very recently | Sí, muy recientemente |
| You are perfectly capable | Eres perfectamente capaz |
| It is completely green | Es completamente verde |
| He is alone again | El esta solo nuevamente |
| Younger, naturally | Más joven, naturalmente |
| We drink quickly | Bebemos rápidamente |
| It is surely my elephant | Es seguramente mi elefante |
| A horse runs rapidly | Un caballo corre rápidamente |
| What are they exactly? | ¿Que son exactamente? |
| I am absolutely sure | Estoy absolutamente segura |
| Yes, you are definitely better | Sí, definitivamente eres major |
| Surely it is juice | Seguramente es jugo |
| Wednesday, normally | Los Miércoles, normalmente |
| He walks slowly | El camina lentamente |
| Not necessarily | No necesariamente |
| She reads easily | Ella lee facilmente |
| It is possibly worse | Es posiblemente peor |
| His son hardly speaks | Su hijo apenas habla |
| It is relatively new | Es relativamente nuevo |

## TRAINING TIME

|  |  |
|---|---|
| He eats slowly | El come lentamente |
| Normally, it takes years | Normalmente toma años |
| You are barely a boy | Eres apenas un niño |
| It is not necessarily a person | No es necesariamente una persona |

# STORY MODE

## ESPAÑA

"Finalmente, es viernes. ¿Sigues viniendo al club?" preguntó Niko.

"Posiblemente." Ella respondió.

"Vas a estar perdiendo mucho si no vienes. También habrá bebidas y celebridades allí, en caso de que lo hayas olvidado."

"Todo depende de mi hermana. Si ella se va, voy. Hasta entonces, estoy indeciso."

Niko continuó. "Tienes que decidir ahora. La sección VIP es una de las más populares del mundo."

"Todavía estoy indeciso."

"Puede que sea demasiado tarde si finalmente cambias de opinión, y nunca más tendrás otra oportunidad como esta para volver a ver a tu artista favorito." dijo Niko.

"Está bien. Vendré." ella respondio.

"Bien entonces, lo reservaré para usted de inmediato."

# ENGLISH

"Finally, it's Friday, are you still coming to the club?" Niko asked.

"Possibly." She answered.

"You'll be losing a lot if you do not come in. There will also be drinks and celebrities there, in case you've forgotten."

"It all depends on my sister, if she leaves, I'll go in. Until then, I'm undecided."

Niko continued. "You have to decide now; the VIP section is one of the most popular in the world."

"I'm still undecided."

"It may be too late if you finally change your mind, and you will never have another chance like this to see your favorite artist again." said Niko.

"It's fine, I'll come." she replied.

"Well then, I'll book it for you immediately."

## Chapter 11
## OBJECTS

**Keywords:** Cosa, cámara, bola, objeto, foto, tren, llaves, periódico, plumas, reloj, máquina, piezas, computadora, caja, mapa, radio, tijeras, capilla, vehículo, dispositivo, documento, papel, bandera, botella, polvo, rueda, nave, pluma, moneda, moto, coche, bolso, mochila, bicicleta, dólares, batería, revista, taza, maleta, puente, pantalla.

| | |
|---|---|
| Things | Cosas |
| The pen | El bolígrafo |
| The map | El mapa |
| The bottle | La botella |
| The computer | La computadora |
| The train | El tren |
| The bicycle | La bicicleta |
| The ball | La bola |
| The key | Las llaves |
| The car | El coche |
| The motorcycle | La moto |
| The radio | El radio |
| The airplane | El avion |
| The camera | La camara |
| The battery | La bateria |
| The backpack | La mochila |
| The scissors | Las tijeras |
| The card | La tarjeta |
| The ship | El barco |
| The paper | El papel |
| I want many things | Quiero muchas cosas |
| It is an old thing | Es una vieja cosa |
| I have cars | Yo tengo coches |
| The coin is big | La moneda es grande |
| My cellphone | Mi telefono celular |

### TRAINING TIME

| | |
|---|---|
| A dollar | Un dólar |
| A key | Una llave |

|  |  |
|---|---|
| The magazine | La revista |
| The bell | La campana |
| The cup | La copa |
| The bridge | El puente |
| The alcohol | El alcohol |
| The newspaper | El periodico |
| The handbag | La bolsa |
| The red balls | Las bolas rojas |
| What do you have in the suitcase? | ¿Qué tienes en la maleta? |
| Do you have a cellphone? | ¿Tienes un telefono celular? |
| The suitcase of my sister is big | La maleta de mi hermana es grande |
| Do you have a coin? | ¿Tienes una moneda? |
| It is not a clock | No es un reloj |
| Who else is on the boat? | ¿Quién más está en el barco? |
| Do you have cameras? | ¿Tienes cámaras? |
| My boat is blue | Mi bote es azul |
| Do you have a watch? | ¿Tienes un reloj? |
| Do you have a pen? | ¿Tienes una pluma? |
| It is a bell | Es una campana |
| The sources | Las fuentes |
| I need batteries | Necesito baterias |
| The lawyers deliver the papers | Las abogadas entregan los papeles |
| It is in dollars | Está en dólares |

## TRAINING TIME

|  |  |
|---|---|
| The photograph | La foto |
| The screen | La pantalla |
| The flag | La bandera |
| The engine | El motor |
| The weapon | El arma |
| The wheel | La rueda |
| The powder | El polvo |
| The machine | La máquina |
| The pieces | Las piezas |
| The box | La caja |
| The bottles | Las botellas |

|  |  |
|---|---|
| I pay with a card | Pago con tarjeta |
| It is a source of money | Es una fuente de dinero |
| The document has many pages | El documento tiene muchas páginas |
| A big object | Un objeto grande |
| The newspapers are recent | Los periódicos son recientes |
| I need English magazines | Necesito revistas en inglés |
| Personal objects | Objetos personales |
| Who has the documents? | ¿Quién tiene los documentos? |
| I want a cheese sandwich, and a glass of water | Quiero un emparedado de queso, y un vaso de agua |
| It is my vehicle | Es mi vehiculo |
| The apparatus | El aparato |
| The vehicles | Les vehiculos |
| The device is small | El aparato es pequeño |
| Do you want my picture? | ¿Quieres mi foto ? |

## TRAINING TIME

|  |  |
|---|---|
| The peace | La paz |
| The sector | El sector |
| The movements | Los movimientos |
| The research | La investigación |
| The capacity | La capacidad |
| The necessity | La necesidad |
| The effect | El efecto |
| The code | El codigo |
| The monitor is big | La pantalla es grande |
| We have bicycles | Nosotros tenemos bicicletas |
| I have pens | Tengo bolígrafos |
| He has a car | El tiene un auto |
| Does he go to work by bus? | ¿El va al trabajo en autobús? |
| She follows the rules | Ella sigues las reglas |

|  |  |
|---|---|
| Are you a machine? | ¿Eres una máquina? |
| It is a bad piece | Es una mala pieza |
| The colonel has a bomb | El coronel tiene una bomba |
| It is a bottle with a note | Es una botella con una nota |
| The spine | La columna |
| She is clever | Ella es lista |
| The author reads about motors | La autora lee sobre motores |
| The weapons | Las armas |
| The wheels are white | Las ruedas son blancas |
| Bombs are bad | Las bombas son malas |
| The beer is for the farmers | La cerveza es para los granjeros |

## TRAINING TIME

|  |  |
|---|---|
| Which shoes fit you well? | ¿Qué zapatos te quedan bien? |
| She reads you a newspaper | Ella le lee un diario a usted |
| I will see you later | Te veo luego |
| He follows me | El me sigue |
| I want you | Te quiero |
| You eat an apple | Usted te come una manzana |
| These shoes do not fit me | Estos zapatos no me quedan |
| You follow me | Usted me sigue |
| He looks at you | El te mira |
| We eat an orange | Nos comemos una naranja |
| You talk to them | Ustedes les hablan a ellos |
| She blames us | Ella nos culpa |
| We read to them | Nosotras les leemos a ellos |

# STORY MODE

### ESPAÑA

**Alex:** "Hoy vamos a aprender sobre objetos, comenzando con las imágenes en el tablero". De izquierda a derecha, cada uno de ustedes nombrará siete de los objetos en el tablero, y luego procederá a una discusión sobre sus usos."

Felipe!, comenzaremos contigo. por favor comienza.

**Felipe:** "Manzana, pelota, batería, bicicleta, campana, botella, caja."

**Gustavo:** "Calendario, cámara, automóvil, teléfono celular, reloj, computadora, taza."

**Valeria:** "Dólar, bandera, casa, llaves, mapa, papel, pluma."

**Olivia:** "Imagen, radio, tijeras, bote, maleta, tren, rueda."

## ENGLISH

**Alex:** "Today we are going to learn about objects, starting with the images on the board". From left to right, each of you will name seven of the objects on the board, and then proceed to a discussion about their uses."

Felipe! we will begin with you. Please start."

**Felipe:** "Apple, ball, battery, bicycle, bell, bottle, box."

**Gustavo:** "Calendar, camera, car, cell phone, clock, computer, cup."

**Valeria:** "Dollar, flag, house, keys, map, paper, pen."

**Olivia:** "Image, radio, scissors, boat, suitcase, train, wheel."

Chapter 12

## PLACES

**Keywords:** Oficina, museo, playa, biblioteca, puerto, café, restaurante, escuela, ciudad, parque, pasillo, torre, casa, instituto, aldea, plaza, jardín, esquina, avenida, edificio, tierra, región, lugar, granja, vecindad, frontera, país, patio, calle, departamento, área, palacio, hogar, barra, comunidad, hotel, sitio, aeropuerto, castillo, isla, carretera, costa, hospital, universidad, banco, galería.

| | |
|---|---|
| Hotel | El hotel |
| Restaurant | El restaurante |
| The school | La escuela |
| Airport | El aeropuerto |
| House | La casa |
| The bank | El banco |
| Castle | El castillo |
| The region | La región |
| The office | La oficina |
| The building | El edificio |
| The prison | La carcel |
| The park | El parque |
| The museum | El museo |
| The garden | El jardín |
| The room | El cuarto |
| The coffee | El café |
| The city | La ciudad |
| The beach | La playa |
| Where is the restaurant? | ¿Dónde está el restaurante? |
| I run towards the street | Corro hacia la calle |
| I am at the beach hotel | Estoy en el hotel de la playa |
| The streets | Las calles |
| Welcome to my restaurant | Bienvenido a mi restaurant |
| Lola eats in the restaurant | Lola come en el restaurante |
| Welcome to the hotel | Bienvenido al hotel |

## TRAINING TIME

| | |
|---|---|
| The bedroom | La sala |
| The area | El área |
| The island | La isla |
| The neighborhood | El barrio |
| The estate | La hacienda |
| The tower | La torre |
| The home | El hogar |
| The road | La carraterra |
| The library | La biblioteca |
| The yard | El patio |
| The corner | La esquina |
| The bar | El bar |
| The course | La pista |
| The route | La ruta |
| Javier walks on the beach | Javier camina en la playa |
| Ana is in the yard | Ana está en el jardín |
| Lola is in the garden | Lola está en el jardín |
| Where is the train to Madrid? | ¿Dónde está el tren hacia Madrid? |
| I have a house in each country | Tengo una casa en cada país |
| The place seems huge | El lugar parece enorme |
| It is his zone | Es su zona |
| I am in the city | Estoy en la ciudad |
| My houses do not have roofs | Mis casas no tienen techo |
| The cities are not good | Las ciudades no son buenas |
| The places are small | Los lugares son pequeños |

## TRAINING TIME

| | |
|---|---|
| Square | Plaza |
| The colony | La colonia |
| The gallery | La galería |
| The continent | El continente |

|  |  |
|---|---|
| The buildings are big | Los edificios son grandes |
| Carla plays in the park | Carla juega en el parque |
| Where is the museum? | Dónde esta el museo? |
| It is an important avenue | Es un avenida importante |
| Africa is not a country | Africa no es un país |
| My uncle has a house in Italy | Mi tío tiene una casa en Italie |
| The plaza is big and pretty | La plaza es grande y bonita |
| The community speaks English | La communidad habla Inglés |
| She goes to the university | Ella va a la universidad |
| She knows a lot about banks | Ella sabe mucho de bancos |
| We talked about these regions | Hablamos de estas regions |
| We are a large community | Somos una communidad grande |
| We walk in the square | Caminamos en la plaza |
| We walk by the road | Caminamos por la carretera |
| The banks are white | Los bancos son blancos |
| It is a good hospital | Es un buen hospital |
| In the coast | En la costa |
| It is an important port | Es un puerto importante |
| My sister goes to the institute | Mi hermana va al instituto |
| It is the best institution of the country | Es la major institución del país |
| These rooms are very large | Estas salas son muy grandes |

**TRAINING TIME**

| | |
|---|---|
| The areas | Las áreas |

|  |  |
|---|---|
| The institutions count on us | Las institución es cuentan con nosotros |
| The nation | La nación |
| It is a large territory | Es un territorio grande |
| Your house is a palace | Tu casa es un palacio |
| I have an apartment | Tengo un apartamento |
| The terrain | El terreno |
| The towns are different | Los pueblos son differentes |
| It is different in the islands | El distinto en las islas |
| The party is for the town | La fiesta es para el pueblo |
| They are at the border | Ellos están en la frontera |
| It is a local festival | Es un festival local |
| We eat in the hall | Nosotros comemos en el salon |
| I do not have a home country | Yo no tengo patria |
| Asia is a continent | Asia es un continente |
| Your home country is Germany | Tu patria es Alemania |
| The judge searches for clues | La jueza busca las pistas |
| I am from the west | Yo soy del oeste |
| I go to an agency | Yo voy a una agencia |
| The distance is hard | La distancia es dura |
| But not in the capital | Pero no en la capital |
| California is west | California está al oeste |
| The capital of Germany is Berlin | La capital de Alemania es Berlin |
| It is the best route | Es la major ruta |
| He visits them | El las visita a ellas |
| Where is the washroom? | ¿Donde esta el baño? |

**TRAINING TIME**

# STORY MODE

## ESPAÑA

**Javier:** "Necesito un lugar nuevo, un lugar donde pueda ir a relajarme después de un largo día, antes de irme a casa. ¿Tienes alguna sugerencia?"

**Ana:** "Eso no es un problema en esta ciudad. Hay una larga lista de lugares, algunos de los cuales incluyen el museo, galerías de arte, biblioteca estatal, centros comerciales y muchos cafés y restaurantes.

Si te gusta la naturaleza, puedes ir al parque. Está cerca de la escuela nacional de catering y del aeropuerto."

**Javier:** "¿Dónde está ubicado?"

**Ana:** "Zona seis. Solo unas pocas cuadras al oeste de la puerta de la universidad, y el hospital del palacio. Una vez que pase el banco de Santander, lo verá fácilmente."

**Javier:** "Necesito un lugar más cerca de mi casa, esa distancia es demasiado lejos para mí."

**Ana:** "Alternativamente, puede recorrer el castillo de El Mina. Está en una zona tranquila, y no muy lejos de su oficina. También está la Torre de Santa María, propiedad de la Familia Santa María. Es una pequeña isla propia. Tiene un hotel con bonitas habitaciones y un bar."

**Javier:** "¿Cómo llego allí?"

**Ana:** "Está a la vuelta de la esquina en Osbourne Avenue, la segunda calle a la derecha, después del instituto de planificación urbana. Verás muchos edificios altos y cocoteros a medida que te acerques."

---

## ENGLISH

---

Javier: "I need a new place, a place where I can go to relax after a long day, before I go home. Do you have any suggestion?"

Ana: "That's not a problem in this city. There is a long list of places, some of which include the museum, art galleries, state library, shopping centers and many cafes and restaurants. If you like nature, you can go to the park. It is close to the national catering school and the airport."

Javier: "Where is it located?"

Ana: "Zone six. Only a few blocks west of the university gate, and the palace hospital. Once you pass the Santander bank, you will see it easily."

Javier: "I need a place closer to my house, that distance is too far for me."

Ana: "Alternatively, you can tour the castle of El Mina. It is in a quiet area, and not far from your office. There is also the Santa María Tower, owned by the Santa María Family. It is a small island of its own. It has a hotel with nice rooms and a bar."

Javier: "How do I get there?"

Ana: "It's just around the corner on Osbourne Avenue, the second street on the right, after the urban planning institute. You will see many tall buildings and coconut trees as you get closer."

## Chapter 13

## PEOPLE

**Keywords:** Ciudadanos, caballeros, vecinos, trabajador, compañero, población, individuo, persona, testigo, revolución, dama, gente, víctimas, amigos, turismo, humanidad, enemigo, campesinos.

| | |
|---|---|
| The lady | La senora |
| The girl | La chica |
| The boy | El chico |
| The man | El hombre |
| The neighbors | Los vecinos |
| The colleague | El compañero |
| Friends | Amigas |
| My friends are rich | Mis amigos son ricos |
| We are hardworking | Nosotros somos trabajadores |
| You have no culture | No tienes cultura |
| The people look | La gente mira |
| Gilberto is a person | Gilberto es una persona |
| It is my culture | Es mi cultura |
| What is a citizen? | ¿Qué es un ciudadano? |
| To the general population | A la población en general |
| It is my culture | Es mi cultura |
| We are good people | Nosotros somos buenas personas |
| It is not a good marriage? | No es un buen matrimonio? |
| What is a revolution? | ¿Qué es una revolución? |
| The audience hears | La audiencia oye |
| Are we a couple? | Somos una pareja? |
| My mates | Mis compañeros |
| The citizens | Los ciudadanos |
| What a beautiful habit | Qué bonita costumbre |
| It is bad for humanity | Es malo para la humanidad |

## TRAINING TIME

| | |
|---|---|
| Nor I | Ni yo |
| You have good customs | Tus costumbres son buenas |
| She watches the girls | Ella mira a las chicas |
| I do not want wine but I want water | No quiero vino sino agua |
| My cousins go to the fair | Mis primos van a la feria |
| Besides, we do not have witnesses | Además, no tenemos testigos |
| He is always a gentleman | El es siempre un caballero |
| The farmers | Los campesinos |
| You are already adults | Ustedes ya son adultos |
| I am an eyewitness | Yo soy un testigo |
| They are small adults | Ellas son pequeñas adultas |
| | |
| Do you have enemies? | ¿Tienes enemigos? |
| We are individuals | Somos individuos |
| Are you a victim? | ¿Eres una víctima? |
| They study tourism | Ellos estudian turismo |
| It is an individual | Es un individuo |
| We are the victims here | Somos las víctimas aquí |
| I have an enemy | Tengo un enemigo |
| My partner allows it | Mi compañero lo permite |
| | |
| The doctor is going to receive the results tomorrow | El doctor va a recibir los resultados mañana |
| They are officers | Ellas son oficiales |
| The teacher reads us a book | El maestro nos lee un libro |
| He treats his employees well | El trata bien a sus empleados |
| We have three different places | Tenemos tres differentes lugares |
| My father loves her a lot | Mi padre la quiere mucho |

# STORY MODE

## ESPAÑA

Reportero: "Hay tanta gente en el carnaval de este año. Ya he visto a mi vecino y un compañero de trabajo con sus banderas nacionales, déjenme ir a la sección de agricultores, y hablar con algunas de las personas allí."

"Hola chicos, y bienvenidos al 24 ° Carnaval Verde anual. ¿Cómo están chicos hoy?"

Turista 1: "Lo estamos haciendo bastante bien. Estamos disfrutando de la feria y divirtiéndonos con nuestros colegas."

Reportero: "Eso es bueno escuchar. ¿Puedo preguntar sobre sus disfraces y cuál es el tema?"

Turista 1: "Somos ciudadanos de España, un país con una población de once millones de personas y tenemos una cultura única. Este disfraz representa eso de la manera más simple. En respuesta a su segunda pregunta, nuestro tema para este año es 'Turismo para la humanidad'."

Turista 2: "Ambos hemos sido testigos del poder destructivo de los huracanes en persona, y luego decidimos ayudar creando conciencia, y también para viajar en busca de donaciones para sus víctimas."

# ENGLISH

Reporter: "There are so many people at this year's carnival. I have already seen my neighbor and a co-worker with their national flags, let me go to the farmer's section, and talk to some of the people there."

"Hi guys, and welcome to the 24th annual Green Carnival. How are you guys today?"

Tourist 1: "We are doing pretty well. We are enjoying the fair and having fun with our colleagues."

Reporter: "That's good to hear. Can I ask about their costumes and what is the theme?"

Tourist 1: "We are citizens of Spain, a country with a population of eleven million people and we have a unique culture. This disguise represents that in the simplest way. In response to your second question, our theme for this year is 'Tourism for humanity'."

Tourist 2: "We have both witnessed the destructive power of hurricanes in person, and so we decided to help by creating awareness, and also to travel in search of donations for their victims."

# Chapter 14

## HOUSEHOLD

**Keywords:** Teléfono, pared, sótano, espejo, cama, sillas, cuchillo, cocina, dormitorio, secador, techo, placa, vidrio, refrigeradores, sofá, sartén, horno, sitio, taza, cuna, lámpara, lavadora, paraguas, jabón, piso, ventana, piscina, puerta, esponja, escaleras, escritorio.

|  |  |
|---|---|
| The glass | El vaso |
| The knife | El cuchillo |
| The telephone | El teléfono |
| The cup | La taza |
| The spoon | La cuchara |
| The television | La television |
| The pan | La sartén |
| The sofa | El sofá |
| The table | La mesa |
| The door | La puerta |
| The desk | El escritorio |
| The chair | La silla |
| The bed | La cama |
| The kitchen | La cocina |
| The lamp | La lámpara |
| The mirror | El espejo |
| The floor | El piso |
| The oven | El horno |
| The bedroom | El dormitorio |
| The wall | El pared |
| The table and the plates | La mesa y los platos |
| The bed is not mine | La cama no es mía |
| My spoons are white | Mis cucharas son blancas |
| Do we have glasses? | ¿Tenemos vasos? |
| I have a pink plate | Tengo un plato rosa |

## TRAINING TIME

| | |
|---|---|
| The chairs are blue | Las sillas son azules |

| | |
|---|---|
| Hererra eats at the table | Hererra come en la mesa |
| No, the bed is not Juan's | No, la cama no es de Juan |
| Tuco sleeps in the bed | Tuco duerme en la cama |
| Does Rodrigo sleep on a chair? | ¿Rodrigo duerme en una silla? |
| Emilio reads in the chair | Emilio lee en la silla |
| Which one is my window? | ¿Cuál es mi ventana? |
| The baby sleeps in the crib | El bebé duerme en la cuna |
| In the kitchen | En la cocina |
| We do not have cups! | ¡No tenemos tazas! |
| I have your tv | Tengo tu television |
| He has a red telephone | Él tiene un teléfono rojo |
| The pool does not have water | La piscine no tiene agua |
| One cup of milk | Una taza de leche |
| The windows are black | Las ventanas son negras |
| Do you have a sponge? | ¿Tienes una esponja? |
| The desk belongs to Javier | El escritorio es de Javier |
| It is your desk | Es su escritorio |
| I have a yellow sponge | Tengo una esponja amarilla |
| I have money in my desk | Tengo dinero en mi escritorio |
| Do you have a sponge? | Ustedes tienen una esponja? |
| I see the sponge in the kitchen | Veo la esponja en la cocina |
| Do you want a sponge for your kitchen? | ¿Quieres una esponja para tu cocina? |
| I read in the basement | Yo leo en el sótano |
| The ladder is red | La escalera es roja |

**TRAINING TIME**

| | |
|---|---|
| I see a bird on the roof | Veo un pájaro en el techo |

|  |  |
|---|---|
| The walls | Las paredes |
| I eat in my bedroom | Yo como en mi dormitorio |
| Moya cooks chicken in the oven | Moya cocina pollo en el horno |
| The walls are red | Las paredes son rojas |
| Clean your room | Limpia tu habitación |
| I do not have a washing machine | Yo no tengo lavadora |
| I do not have a refridgerator | No tengo un refrigerador |
| My brush is yellow | Mi cepillo es amarillo |
| I do not have a dryer | Yo no tengo secadora |
| Alberto cleans the bathroom | Alberto limpia el baño |
| We have a dryer | Nosotros tenemos una secadora |
| The washing machine | La lavadora |
| The bed sheet | La sabana |
| Is it my room? | ¿Es mi habitación? |
| He wants a washing machine | El quiere una lavadora |
| Do you have a razor? | Tienes una rasuradora? |
| I have my wallet | Tengo mi cartera |
| I need soap | Necesito jabón |
| The umbrellas are not ours | Los paraguas no son nuestros |
| The sheets are yellow | Las sabanas son amarillas |
| Do we have yellow soaps? | ¿Tenemos jabones amarillos? |
| Sara eats soap! | Sara come jabón! |
| The razor is blue | La rasuradora es azul |
| I fill up the cup with water | Yo lleno la taza con agua |

**TRAINING TIME**

# STORY MODE

## ESPAÑA

Hererra: "¿Qué estás haciendo en el sótano?"

Michelle: "Estoy buscando mi teléfono."

Hererra: "¿Has verificado detrás de esa pared? Te vi de pie junto a la ventana hace un rato."

"Lo he comprobado en todas partes; Dentro de la lavadora, en la parte superior del escritorio, en todas partes."

Hererra: "¿Dónde lo viste por última vez?"

Michelle: "Encima de una sábana doblada en mi habitación."

Hererra: "Trata de seguir tus pasos desde allí."

Michelle: "Bien, estaba limpiando el espejo del baño, cuando mi padre me llamó para conocerlo". La llamada terminó y fui a cambiar la bombilla del techo de mi habitación. Entonces, recordé que iba a llover, y que necesitaba limpiar la piscina, revisé el interior del armario por un paraguas y un poco de jabón.

Después de eso, volví a la cocina y abrí el refrigerador para un poco de jugo. Dejé el teléfono cerca de una taza y algunas sartenes. También había un cuchillo en la mesa de la cocina. Terminé el vaso de jugo antes de regresar a la habitación, donde decidí tomar una siesta. Eso es todo lo que recuerdo."

Hererra: "Ya veo, regresemos al grupo y lo busquemos juntos."

# ENGLISH

Hererra: "What are you doing in the basement?"

Michelle: "I'm looking for my phone."

"Have you checked behind that wall? I saw you standing by the window a while ago."

"I've checked it everywhere; Inside the washing machine, on the top of the desk, everywhere."

Hererra: "Where did you see it for the last time?"

Michelle: "On top of a folded sheet in my room."

Hererra: "Try to follow your steps from there."

Michelle: "Well, I was cleaning the bathroom mirror when my father called me to meet him." The call ended and I went to change the light bulb on the ceiling of my room. Then, I remembered that it was going to rain, and that I needed to clean the pool, I checked the inside of the closet for an umbrella and some soap.

After that, I went back to the kitchen and opened the refrigerator for some juice. I left the phone near a cup and some pans. There was also a knife on the kitchen table. I finished the glass of juice before returning to the room, where I decided to take a nap. That's all I remember."

Hererra: "I see, let's go back to the group and look for it together."

# Chapter 15

## OCCUPATION

**Keywords:** Autor, abogado, cajero, estudiante, juez, cocinero, jefe, secretaria, empleados, policía, coronel, rey, doctor, capitán, hombres de negocios, commandante, panadero, soldados, poeta, príncipe, artista, agente, conductor, periodista, enfermera, ingeniero, profesor, atletas, pintor, guardia, trabajo, agente, sacerdote, dueño, profesión, camarero.

| | |
|---|---|
| The student | El estudiante |
| The boss | El jefe |
| The teacher | El maestro |
| The guard | El guardia |
| The doctor | El doctor |
| The soldier | El soldado |
| The king | El rey |
| The judge | La juez |
| The professor | El profesor |
| The police | La policía |
| Sara and Cristina are policewomen | Sara y Cristina son policías |
| We are teachers | Nosotros somos maestros |
| I need a doctor | Necesito un doctor |
| The students eat bread | Los estudiantes comen pan |
| How many bosses do you have? | ¿Cuántos jefes tienes? |
| He is the king's secretary | El es el secretario del rey |
| Fredo is a policeman | Fredo es policía |
| You have a secretary | Tienes una secretaria |
| Queens do not drink beer | Las reinas no beben cerveza |
| The teacher eats apples | La maestro come manzanas |
| She is my boss | Ella es mi jefa |

| | |
|---|---|
| My uncle and my aunt are doctors | Mi tío y mi tía son doctores |
| The poet writes a letter | La poeta escribe una carta |
| My uncle is the author of the book | Mi tío es el autor del libro |
| I am a businessman | Yo soy un empresario |

## TRAINING TIME

| | |
|---|---|
| The professors read | Las profesoras leen |
| I am not the professor | Yo no soy la profesora |
| Patricia is the judge | Patricia es la juez |
| The artist | El artista |
| The captain | El capitán |
| The prince | El príncipe |
| The painter | El pintor |
| The farmer | La granjera |
| The cook | El cocinero |
| I am a journalist | Soy periodista |
| He speaks with the guard | Él habla con la guardia |
| The soldier eats rice | El soldado come arroz |
| Are you the author? | ¿Eres tu el autor? |
| My dad is a poet | Mi papá es un poeta |
| We are professors | Nosotros somos profesores |
| My uncle is an employee | Mi tío es un empleado |
| Who are your lawyers? | ¿Quiénes son tus abogados? |
| The colonel talks with the soldiers | El coronel habla con los soldados |
| No, Pedro is not an actor, he is a poet | No, Pedro no es actor, el es poeta |
| They are artists | Ellos son artistas |
| I have a lawyer | Tengo un abogado |
| His employees write | Sus empleados escriben |
| My sister is my lawyer | Mi hermana es mi abogada |
| Javier and Dani are artists | Javier y Dani son artistas |

| | |
|---|---|
| Carlos is not an actor, he is a student | Carlos no es actor, el es estudiante |

## TRAINING TIME

| | |
|---|---|
| I am the owner of the dog | Yo soy la dueña del perro |
| Who is the agent? | ¿Quién es el agente? |
| They are specialists | Ellos son especialistas |
| The commander eats an orange | El comandante come una naranja |
| Meat is their specialty | La carne es su especialidad |
| The artists and the painters | Las artistas y las pintoras |
| The owner has a horse | El dueño tiene un caballo |
| My mother is a specialist in birds | Mi madre es especialista en pájaros |
| Yes, I am an engineer and a carpenter | Sí, soy ingeniero y carpintero |
| Yes, my uncle Salvio is an agent | Sí, mi tío Salvio es agente |
| A priest does not drink beer | Un sacerdote no bebe cerveza |
| Yes, Sergio is a baker | Sí, Sergio es panadero |
| I work as a teacher | Yo trabajo como maestro |
| It is not my profession | No es mi profesión |
| The priests write books | Los sacerdotes escriben libros |
| My uncle is not a farmer, he is a baker | Mi tío no es granjero, el es panadero |
| The priestess has a black cat | La sacerdotisa tiene un gato negro |
| She is a baker | Ella es panadera |
| My aunt Rita is a farmer | Mi tía Rita es granjera |
| Harry is an English engineer | Harry es un ingeniero Inglés |
| No, my brother David is not a carpenter | No, mi hermano Fred no es carpintero |

| | |
|---|---|
| Paul is a priest | Paul es sacerdote |
| My daughter is a waitress | Mi hija es mesera |
| They are not athletes | Ellas no son atletas |
| They are tellers | Ellos son cajeros |

## TRAINING TIME

| | |
|---|---|
| My girlfriend is a driver | Mi novia es conductora |
| Is she my nurse? | ¿Es ella mi enfermera? |
| I work as a waiter | Yo trabajo como mesero |
| The cooks eat meat | Los cocineros comen carne |
| His spouse is a driver | Su esposo es conductor |
| They are cashiers | Ellas son cajeras |
| Roberto is not an engineer, he is a nurse | Roberto no es ingeniero, el es enfermero |
| Your uncle is not a nurse, he is a cook | Tu tío no es enfermero, el es cocinero |
| No, Leo and Sofia are not athletes | No, Leo y Sofia no son atletas |
| Practice is important | La practica es importante |
| That is my issue | Eso es mi asunto |
| He speaks about his principles | El habla de sus principios |
| You have a good memory | Tienes una buena memoria |
| She explained the terms to me | Ella me explico los términos |
| Only the content counts | Solo cuenta el contenido |
| It is your creation | Es tu creación |
| We see each other frequently | Nos vemos con frecuencia |
| I have access to his library | Tengo acceso a su biblioteca |

# STORY MODE

## ESPAÑA

Rodrigo: "¿Dónde trabajan tus padres?"

Esteban: "Mi padre es abogado y mi madre es abogada."

Rodrigo: "¿Qué hay de tus hermanos?"

Esteban: "Mi hermana mayor trabaja como secretaria, mientras que mi hermano es pintor."

Rodrigo: "¿Y tú?"

Esteban: "He publicado dos libros hasta ahora, así que puedo llamarme un autor."

Rodrigo: "¿Querías ser otra cosa mientras estabas creciendo?"

Esteban: "Quería ser un montón de cosas, un juez, un artista, un actor, un ingeniero, un chef e incluso un soldado.

En cuanto a la última, vi muchas películas de guerra cuando era un niño, y me gustaban las armas y su físico. Esa fue la mayor atracción para mí. Sin embargo, mi madre no estuvo de acuerdo, quería que fuera doctora o profesora en la universidad.

No me imaginaba siendo un estudiante por tanto tiempo, así que leí algo más. Cuando terminé la escuela, mi primer trabajo fue un bibliotecario y luego un conductor, y finalmente conseguí un trabajo como agente. Estos días, no necesito esos trabajos, ya que los ingresos de mis escritos ahora son suficientes para pagar mis cuentas."

# ENGLISH

Rodrigo: "Where do your parents work?"

Esteban: "My father is a lawyer and my mother is a lawyer."

Rodrigo: "What about your brothers?"

Esteban: "My older sister works as a secretary, while my brother is a painter."

Rodrigo: "And you?"

Esteban: "I have published two books so far, so I can call myself an author."

Rodrigo: "Did you want to be something else while you were growing up?"

Esteban: "I wanted to be a lot of things, a judge, an artist, an actor, an engineer, a chef and even a soldier.

As for the last one, I saw many war movies when I was a child, and I liked weapons and their physique. That was the biggest attraction for me. However, my mother did not agree, I wanted her to be a doctor or professor at the university.

I did not imagine being a student for so long, so I read something else. When I finished school, my first job was a librarian and then a driver, and finally I got a job as an agent. These days, I do not need those jobs, since the income from my writings are now enough to pay my bills."

## Chapter 16

## DATES AND TIME

**Keywords:** Semana, febrero, mayo, jueves, noviembre, hora, año, hoy, junio, noche, octubre, temporada, martes, mañana, primavera, calendario, lunes, abril, enero, minuto, septiembre, domingo, día, viernes, mediodía, verano, julio, agosto, miércoles, sábado, marzo, ayer, segundos, temprano en la mañana.

| | |
|---|---|
| The calendar | El calendario |
| The night | La noche |
| The summer | El verano |
| The birthday | El cumpleaños |
| The winter | El invierno |
| Monday, Tuesday, and Wednesday | Lunes, Martes y el Miércoles |
| Today is Monday | Hoy es Lunes |
| Tomorrow is Monday | Mañana es Lunes |
| Today is Friday | Hoy es Viernes |
| Saturday and Sunday | El Sábado y El Domingo |
| My aunt Lydia came yesterday | Mi tía Lydia vino ayer |
| On Tuesdays I eat cheese | Los Martes como queso |
| Tomorrow is Tuesday | Mañana es Martes |
| On Wednesdays, I drink wine | Los Miércoles bebo vino |
| Alberto drinks beer on Monday, Tuesday, and Wednesday | Alberto bebe cerveza el Lunes, el Martes y el Miércoles |
| In a year | En un año |
| I eat during the day | Yo como durante el día |
| I run on Thursdays | Yo corro los Jueves |
| During the night | Durante la noche |
| On Saturdays, we eat meat | Los Sábados, comemos carne |
| How old is your boyfriend? | ¿Cuántos anos tiene tu novio? |
| The nights are long | Las noches son largas |

|  |  |
|---|---|
| My son Mateo, is one year old | Mi hijo, Mateo, tiene un año |
| How many minutes? | ¿Cuántos minutos? |
| It is late | Es tarde |

## TRAINING TIME

|  |  |
|---|---|
| Weeks and months | Semanas y meses |
| The hours of the day | Las horas del día |
| En un mes | In a month |
| Sometimes I go, sometimes not | A veces voy, a veces no |
| Sometimes yes and sometimes no | A veces sí y a veces no |
| The minutes of the hour | Los minutos de la hora |
| February and March are months of the year | February y Marzo son meses del año |
| May and June are months of the year | Mayo y Junio son meses del año |
| In July | En Julio |
| In April | En Abril |
| It is January | Es Enero |
| The party | La festa |
| The dawn | La madrugada |
| The season | La temporada |
| The spring | La primavera |
| The station | La estación |
| Stefano pays in July | Stefano paga en Julio |
| March, April, May and June | Marzo, Abril, Mayo y Junio |
| My grandmother does not run in February | Mi abuela no corre en Febrero |
| One Friday in May | Un Viernes de Mayo |
| August and September are months of the year | Agosto y Septiembre son meses del año |
| As of today | Desde hoy |
| I do not run from September until November | No corro desde Septiembre hasta Noviembre |
| December is a month | Deciembre es un mes |
| I do not run in October | No corro en Octubre |

114

## TRAINING TIME

| | |
|---|---|
| He writes in November | Él escribe en Noviembre |
| I do not eat fish in August | No como pescado en Agosto |
| From September to December | De Septiembre a Diciembre |
| Winter is a season | El invierno es una estación |
| | |
| I need a second | Necesito un segundo |
| In a while we eat | En un rato comemos |
| The parties are not tomorrow | Las festas no son mañana |
| The seconds in the day | Los segundos del día |
| The winter is long | El invierno es largo |
| I walk in the morning | Yo camino en la mañana |
| | |
| The vacation is in August | Las vacaciónes son en Agosto |
| I eat at noon | Yo como al mediodía |
| We do not have a date | No tenemos fecha |
| I have an appointment with her today | Tengo una cita con ella hoy |
| The shirt is for the summer | La camisa es para el verano |
| We spoke last night | Nosotros hablamos anoche |
| | |
| The letters do not have dates | Las cartas no tienes fechas |
| Lola drinks juice in the morning | Lola bebe jugo en la mañana |

# STORY MODE

## ESPAÑA

"enero, febrero, marzo son los mejores meses en mi trabajo."

"¿Por qué?"

"En enero, las lluvias se han detenido por completo, y es más fácil limpiar la tierra para la construcción. La hierba está seca y las malezas no vuelven a crecer rápidamente. En febrero, el precio del hierro y el cemento bajan, así que compro todo lo que puedo. En marzo, tengo un poco más de ingresos que ayudan a acelerar el trabajo."

"Ya veo, ¿qué pasa en los otros meses?"

"Las piedras son más baratas en abril. El trabajo comienza en junio y continúa hasta julio. Las lluvias llegan en agosto y son más intensas en los meses de septiembre y octubre. Por lo general, nos vamos de vacaciones en noviembre y reanudamos en diciembre, después de las vacaciones de Navidad."

## ENGLISH

"January, February, March are the best months at my job."

"Why?"

"In January, the rains have stopped completely, and it is easier to clear the land for construction, the grass is dry and the weeds do not grow back quickly. In February, the price of iron and cement go down, so I buy everything I can. In March, I have a little more income that helps speed up work."

"I see, what happens in the other months?"

"The stones are cheaper in April, the work starts in June and continues until July, the rains arrive in August and are more intense in the months of September and October, we usually go on vacation in November and resume in December, after the Christmas holidays."

# 11/18/2018

# Chapter 17

## ADJECTIVES

**Keywords:** Enfermo, limpio, original, superior, pendiente, probable, numeroso, infantil, enfermo, lógico, amplio, sucio, viejo, loco, consciente, mundo, ideal, malvado, inmediato, pacto, puro, nacional, universal, anterior, oscuro, industrial, mínimo, adecuado.

| | |
|---|---|
| She is young and I am old | Ella es joven y yo soy viejo |
| I have a beautiful duck | Tengo un pato bonito |
| They are good students | Ellos son buenos estudiantes |
| They eat from the same plate | Ellos comen del mismo plato |
| You do good work | Tu haces buen trabajo |
| You are bilingual | Tu eres bilingüe |
| Yes, she is pretty | Sí, ella es bonita |
| They are young men | Ellos son hombres jóvenes |
| She has the same cups | Ella tiene las mismas tazas |
| She is an old judge | Es una jueza vieja |
| Good question | Buena pregunta |
| The same soup | La misma sopa |
| The apples are good | Las manzanas son buenas |
| Is it helpful? | ¿Es útil? |
| It is a new book | Es un libro nuevo |
| You are better than me | Eres major que yo |
| The lamps are ugly | Los lámparas son feas |
| My younger brother | Mi hermano menor |
| I am older than my sister | Soy mayor que mi hermana |
| No, you are the first | No, tu eres la primera |
| We are not new | No somos nuevos |
| We have the best | Tenemos los mejores |
| We are the older siblings | Nosotros son hermanos mayors |

| | |
|---|---|
| Is he ugly? | ¿Es feo? |
| Do you want new clothing? | ¿Quieres ropa nueva? |

## TRAINING TIME

| | |
|---|---|
| Yes, it is true | Si, es cierto |
| You are a positive person | Eres una persona positiva |
| We are the last | Somos los últimos |
| Yes, they are real | Sí, son reales |
| It is not possible | No es posible |
| Yes, it is important | Sí, es importante |
| It is the final moment | Es el momento finale |
| You are not real! | ¡Tu no eres real! |
| My brothers are important | Mis hermanos son importantes |
| He is a positive boss | Él es un jefe positivo |
| The last night is long | La última noche es larga |
| Tomorrow is my last day | Mañana es mi último día |
| It is hard | Es dura |
| The shoes are necessary | Los zapatos son necesarios |
| It is a public party | Es una fiesta pública |
| The author walks alone | La autora camina sola |
| You are popular with the children | Eres popular entre los niños |
| You and I are different | Tú y yo somos differentes |
| It is my personal telephone | Es mi teléfono personal |
| He walks alone | Él camina solo |
| A public bathroom | Un baño público |
| We are not popular | No somos populares |
| No, they are not necessary | No, ellas no son necesarias |
| The plate is hard | El plato es duro |
| They are public workers | Ellos son empleados públicos |

## TRAINING TIME

| | |
|---|---|
| We are tall and strong | Somos altos y fuertes |
| The main colors | Los colores principales |
| He is an able man | Es un hombre capaz |
| The animals are distinct | Los animales son distintos |
| I watch local television | Yo veo la television local |
| It is safe | Es seguro |
| The main door | La puerta principal |
| She is a strong person | Ella es una persona fuerte |
| We are different | Somos distintas |
| She is your only sister | Ella es tu única hermana |
| It is not enough | No es sufficiente |
| The following weeks | Las siguientes semanas |
| He is a professional actor | Él es un actor profesiónal |
| My own son | Mi proprio hijo |
| She is worse than me | Ella es peor que yo |
| What is impossible? | ¿Qué es imposible? |
| The dress is simple | El vestido es simple |
| I have my own dogs | Tengo mis propios perros |
| We are not professional actors | No somos actors profesiónales |
| They have their own parties | Ellos tienen sus propias fiestas |
| He is bad | Él es malo |
| I am normal | Yo soy normal |
| They are not responsible | Ellos no son responsables |
| I do not read as many books | No leo tantos libros |
| It is a clear night | Es una noche clara |

## TRAINING TIME

| | |
|---|---|
| You are responsible | Eres responsable |
| She is a bad student | Ella es una mala estudiante |
| It is fair | Es justo |
| Your parents are rich | Tus padres son ricos |
| I have a flat mirror | Tengo un espejo plano |
| We are the next | Somos las próximas |
| It is a historic minute | Es un minuto historico |
| The colors are natural | Los colores son naturales |
| The newspapers are recent | Los diarios son recientes |
| I am rich | Soy rico |
| The next hour | La próxima hora |
| The tea is natural | El té es natural |
| It is a historic week | Es una semana histórica |
| Who is next? | ¿Quién es el próximo? |
| Is the newspaper recent? | El diario es reciente? |
| The lamp is expensive | La lámpara es cara |
| Shall we go together? | ¿Vamos juntos? |
| She walks fast | Ella camina rápido |
| They are intelligent, aren't they? | Ellos son intelligentes, ¿no? |
| It is traditional | Es tradiciónal |
| The skirt is cheap | La falda es barata |
| My shoes are expensive | Mis zapatos son caros |
| I am intelligent | Yo soy intelligente |
| The past week | La semana pasada |
| The fridge is cheap | El refrigerador es barato |

**TRAINING TIME**

# STORY MODE

### ESPAÑA

**Alvaro:** "Vamos a jugar un juego, se lo llama 'declaraciones objetivas', y eso significa exactamente que. El propósito del juego es hacer una declaración usando la palabra" pero "en cinco segundos, o beber de esta botella."

"Yo Comienzo."

"Está enfermo, pero la habitación está limpia."

"El libro es extraño, pero especial."

"La botella es grande, pero el precio es regular."

"Es viejo, pero gratis de descargar."

"El polvo es oscuro, pero puro."

"Cinco es el mínimo, pero tengo cuatro."

"Los mapas son similares, pero estoy perdido."

**Lola:** "Estos zapatos son buenos, pero no originales."

**Alvaro:** "Estas bolsas son clásicas, pero no superiores."

"El auto está sucio, pero es perfecto."

"Ella es brillante, pero no famosa."

"Es más difícil, pero conveniente."

"Es lógico, pero interesante."

"Es revoluciónario, pero no legal."

**Lola:** "Mi novio es dulce, pero también terrible."

# ENGLISH

**Alvaro:** "Let's play a game. It's called 'objective statements', and it means exactly that. The goal of the game is to make a statement using the word 'but' in five seconds, or drink from this bottle."

"I'll start."

"He's sick, but the room is clean."

"The book is strange, but special."

"The bottle is large, but the price is regular."

"It's old, but free to download."

"The dust is dark, but pure."

"Five is the minimum, but I have four."

"The maps are similar, but I'm lost."

**Lola:** "These shoes are good, but not original."

**Alvaro:** "These bags are classic but not superior."

"The car is dirty, but it is perfect."

"She is brilliant, but not famous."

"It is more difficult, but convenient."

"It is logical, but interesting."

"It is revolutionary, but not legal."

**Lola:** "My boyfriend is sweet, but also terrible."

Chapter 18

## NUMBERS

**Keywords:** Número, dos, tres, cuatro, cinco, seis, siete, ocho, nueve, diez, once, doce, trece, catorce, quince, veinte, treinta, cuarenta, cincuenta, sesenta, setenta, mil, toneladas, doble, metros, mitad, kilómetros, tercero, miles, tercero, millón.

| | |
|---|---|
| One | Uno |
| Two | Dos |
| Three | Tres |
| Four | Cuatro |
| Five | Cinco |
| Six | Seis |
| Seven | Siete |
| Eight | Ocho |
| Nine | Nueve |
| Ten | Diez |
| Eleven | Once |
| Twelve | Doce |
| Thirteen | Trece |
| Fourteen | Catorce |
| Fifteen | Quince |
| Two and four are six | Dos y cuatro son seis |
| Two and six are eight | Dos y seis son ocho |
| Five women | Cinco mujeres |
| They see six elephants | Ellos ven seis elefantes |
| Four apples | Cuatro manzanas |
| Page five | Página cinco |
| We have eight pages | Tenemos ocho páginas |
| I have four dollars | Tengo cuatro dólares |
| Five apples | Cinco manzanas |
| I have two sisters | Tengo dos hermanas |

**TRAINING TIME**

| | |
|---|---|
| Twenty | Veinte |
| Thirty | Treinta |
| Fourty | Cuarenta |
| Alberto has ten hats | Alberto tiene diez sombreros |
| Alfredo has nine red shoes | Alfredo tiene nueve zapatos rojos |
| He eats twelve apples | Él come doce manzanas |
| We have thirteen people | Nosotros tenemos trece personas |
| Fourteen days | Catorce días |
| The flag has fifteen colors | La bandera tiene quince colores |
| We are eleven people | Somos once personas |
| I have thirteen cats | Yo tengo trece gatos |
| He has twelve sons | Él tiene doce hijos |
| Fourteen cousins | Catorce primos |
| I am fifteen years old | Tengo quince anos |
| The next twelve hours | Las próximas doce horas |
| I eat dinner at nine | Yo como la cena a las nueve |
| Ten minutes | Diez minutos |
| The number is high | El número es alto |
| Four men | Cuatro hombres |
| Five white cars | Cinco coches blancos |
| Thirty six oranges from Asia | Treinta y seis naranjas de Asia |
| Maria has fourty four penguins | Maria tiene cuarenta y cuatro pingüinos |
| Thirty five people from Italy | Treinta y cinco personas de Italia |
| Sergio has fourty three animals | Sergio tiene cuarenta y tres animales |
| Seventy one carrots | Setenta y una zanahorias |

## TRAINING TIME

| | |
|---|---|
| Half | Mitad |
| Meters | Metros |

| | |
|---|---|
| **Millón** | **Million** |
| **Mil** | **Thousand** |
| A pair of shoes | Un par de zapatos |
| The man is sixty years old | El hombre tiene sesenta anos |
| Fifty years ago | Hace cinquenta anos |
| Lola has fourty eight pink shoes | Lola tiene cuarenta y ocho zapatos rosa |
| I do not have your number | No tengo tu número |
| Seven is her number | Siete es su número |
| Thousands of kilometers | Miles de kilómetros |
| A metre | Un metro |
| She has two thousand books | Ella tiene dos mi libros |
| It is a million dollars | Es un millón de dólares |
| It is a good pair of shoes | Es un buen par de zapatos |
| Five meters | Cinco metros |
| The city has a population of two million people | La ciudad tiene una población de dos millones de personas |
| She is a double agent | Es un doble agente |
| We have a third daughter | Tenemos una tercera hija |
| He eats tons of fish | Él come toneladas des pescado |
| The third | El tercero |
| It is your half | Es tu mitad |
| Today is the third day | Hoy es el tercer día |
| Students pay half | Estudiantes pagan la mitad |
| Five teachers | Cinco maestros |

## TRAINING TIME

| | |
|---|---|
| He does not speak about his thoughts | El no habla de sus pensamientos |
| These circumstances are good | Estas circunstancias son buenas |

# STORY MODE

## ESPAÑA

"¿Puedes recordar lo que aprendimos ayer, Patrice?" Niko preguntó.

"Si puedes, entonces la mitad de mi trabajo ya está hecho. Si no puede hacerlo, debe duplicar sus esfuerzos si desea aprobar el examen."

"Si, puedo." dijo Patrice.

"Bueno, recuérdame."

"Dos más dos es cuatro, tres más uno es cuatro, cinco menos uno es igual a cuatro, ocho dividido por dos también es igual a 4. Esto muestra que varias combinaciones de números pueden darle el número cuatro, y que hay muchas maneras para hacer lo mismo."

"Bueno. Vamos a centrarnos en más de ellos, comenzando con el número seis. ¿Qué me puedes decir sobre el número seis?"

"Seis más uno es igual a siete, seis más tres es nueve, seis más cuatro es igual a diez es igual a siete, seis más cinco es igual a once, seis multiplicado por dos es igual a doce. Trece menos siete es igual a seis, y nueve más uno es igual a diez."

"Bien hecho Patrice, ahora responde estas preguntas, si tengo catorce seguidores en Snapchat y tienes quince, ¿cuál es la suma total de ambos seguidores?" Niko preguntó.

"Veintinueve seguidores". Patrice respondió."

# ENGLISH

"Can you remember what we learned yesterday, Patrice?" Niko asked.

"If you can, then half of my work is already done. If you can not do it, you should duplicate your efforts if you want to pass the exam."

"Yes, I can." said Patrice.

"Well, remind me."

"Two plus two is four, three plus one is four, five minus one is equal to four, eight divided by two is also equal to 4. This shows that several combinations of numbers can give you number four, and that there are many ways to do the same."

"Good. Let's focus on more of them, starting with number six. What can you tell me about number six?" Niko asked.

"Six plus one is equal to seven, six plus three is nine, six plus four equals ten equals seven, six plus five equals eleven, six multiplied by two equals twelve. Thirteen minus seven equals six, and nine plus one equals ten."

"Well done Patrice, now answer these questions, if I have fourteen followers on Snapchat and you have fifteen, what is the total sum of both followers?"

"Twenty-nine followers." Patrice replied.

**10 20 30 40 50 60 70 80 90 100**

# Chapter 19

## COUNTRIES

**Keywords:** España, México, China, Francia, Inglaterra, Argentina, América, París, Roma, Europa, Español, Mexicano, Internacional, Inglés, Italiano, Europeo, Americano, Británico, Extranjero, Norteamericano.

| | |
|---|---|
| My father is Argentinian | Mi padre es Argentino |
| My neighbor is European | Mi vecino es Europeo |
| The North American police | La policía Norteaméricana |
| The Spanish women | Las mujeres Españolas |
| I am a French citizen | Soy un ciudadano Francés |
| | |
| The international doctors | Los doctores internaciónales |
| She eats Chinese food | Ella come comida China |
| My parents are French | Mis padres son Franceses |
| | |
| These shirts are European | Estas camisas son Europeas |
| It is Spanish beer | Es cerveza Española |
| I am North American | Yo soy Norteamericano |
| He likes Chinese rice | A él le gusta el arroz Chino |
| | |
| I like French food | Me gusta la comida Francesa |
| | |
| The man is British | El hombre es Británico |
| It is a Cuban dish | Es un plato Cubaño |
| The Mexican men | Los hombres Mexicanos |
| He is an Italian painter | Él es un pintor Italiano |
| He is American | Él es Americano |
| It is an English ship | Es un barco Inglés |
| I am American | Soy estadounidense |
| Are you Mexican? | ¿Eres Mexicano? |
| My mother is English | Mi madre es Inglésa |
| He is not an American | Él no es Americano |
| Welcome to Mexico! | Bienvenido a México! |

| | |
|---|---|
| My brother Gustavo is from Spain | Mi hermano Gustavo es de España |

## TRAINING TIME

| | |
|---|---|
| I am not in Italy, i am in Argentina | No estoy en Italia, estoy en Argentina |
| From Germany, Italy and France | De Alemania, Italia, y Francia |
| The capital of Spain is Madrid | La capital de España es Madrid |
| Martina and Lola are waitresses in France | Martina y Lola son meseras en Francia |
| Salvador is not from Italy, he is from Argentina | Salvador no es de Italia, el es de Argentina |
| Good morning, welcome to Spain | Buenos días, bienvenido a España |
| I have a friend in England | Yo tengo un amigo en Inglaterra |
| The foreigner | El extranjero |
| China is enormous | China es enorme |
| I am from England | Soy de Inglaterra |
| China is a great country | China es un gran país |
| He is a foreigner | Él es un extranjero |
| We live in different regions of England | Vivimos en differentes regiones de Inglaterra |
| | |
| Is it around Europe? | ¿Está por Europa? |
| Rome is not very big | Roma no es muy grande |
| They return to America | Ellos regresan a América |
| | |
| You like to walk around Paris | Te gusta caminar por París |
| My clothes come from Paris | Mi ropa viene de París |
| She is in America | Ella está en América |
| She arrived in Europe | Ella llegó a Europa |
| Rome is an Italian city | Roma es una ciudad Italiana |
| | |
| Tomorrow, I go to Paris | Mañana, voy a París |

| | |
|---|---|
| America is very big | América es muy grande |
| The suit is clean | El traje está limpio |
| You are tired | Usted está cansada |

## TRAINING TIME

| | |
|---|---|
| The door is open | La puerta está abierta |
| I am not a sick man | No soy un hombre enfermo |
| I am a regular person | Soy una persona regular |
| My clothes are dirty | Mi ropa está sucia |
| I am not available | Yo no estoy diponible |
| A tired worker | Un trabajador cansado |
| She is sick | Ella está enferma |
| The oil is dirty | El aceite está sucio |
| I am clean | Estoy limpia |
| Are they open on Sunday? | ¿Estan abiertos los Domingos? |
| The windows are open | Las ventanas están abiertas |
| What is the maximum distance? | ¿Cuál es la distancia máxima? |
| It is universal | Es universal |
| Very interesting | Muy interesante |
| The street is wide | La calle es amplia |
| I am lost | Estoy perdido |
| The children are very special | Los niños son muy especiales |
| I like intellectual men | Me gustan los hombres intelectuales |
| She is an interesting woman | Ella es una mujer interesante |
| The boy is lost | El niño esta perdido |
| He is a modern man | Él es un hombre moderno |
| It is very common | Es muy común |
| The ideal terrain | El terreno ideal |
| He has multiple shirts | Él tiene múltiples camisas |
| They are independent | Ellos son independientes |

## TRAINING TIME

| | |
|---|---|
| We have a strange culture | Tenemos una cultura extraña |
| She has many hats | Ella tiene númerosos sombreros |
| You are a modern mother | Eres una madre moderna |
| These dresses are common | Estos vestidos son comun |
| A strange individual called | Un individuo extraño llamó |
| I like modern buildings | Me gustan los edificios modernos |
| It is an excellent pair | Es un excelente pareja |
| This city is industrial | Esta ciudad es industrial |
| She is a logical person | Ella es una persona lógica |
| She is a true mother | Ella es una verdadera madre |
| The world's population | La población mundial |
| The national newspapers | Los diarios naciónales |
| She feels superior to him | Ella se siente superior a él |
| What is the national bird? | ¿Cuál es el pájaro naciónal? |
| That is perfectly logical | Eso es perfectamente lógico |
| Some students are superior | Unos estudiantes es superiores |
| Now i can see who my real friends are | Ahora puedo ver quiénes son mis verdaderos amigos |
| Here is not deep | Aquí no es profundo |
| You are too childish | Tu eres muy infantil |
| It is pure sugar | Es azúcar puro |
| You are the suitable person | Eres la persona adecuada |
| It is not bad | No es mal |
| It is dark in the street | Es oscuro en la calle |

| | |
|---|---|
| She is an innovative woman | Ella es una mujer original |
| The coffee is pure | El café es puro |

### TRAINING TIME

| | |
|---|---|
| The water is deep and clear | El agua es profunda y clara |
| This menu is not suitable | Este menú no es adecuado |
| You are crazy | Estás loco |
| Those shirts are alike | Esas camisas son similares |
| Not too sweet | No muy dulce |
| It is electric | Es eléctrico |
| This makes it less likely | Esto lo hace menos probable |
| I am conscious | Estoy consciente |
| A lot of ancient books | Muchos libros antiguos |
| It is similar to chicken | Es similar al pollo |
| My brother has an antique car | Mi hermano tiene un coche antiguo |
| She has an electric bike | Ella tiene una moto eléctrica |
| It is a classic car | Es un auto clásico |
| I am a famous actor | Soy un actor famoso |
| It is not convenient | No es conveniente |
| It is terrible | Es terrible |
| I am very particular | Soy muy particular |
| Simple, but effective | Simple, pero eficaz |
| Without immediate family | Sin familia inmediata |
| No, it is not convenient | No, no es conveniente |
| It is a classical dress | Es un vestido clásico |
| The food is terrible | La comida es terrible |
| He is a negative person | Él es una persona negativa |
| The rice lacks salt | El arroz esta escaso de sal |
| A large number of people | Un número elevado de personas |

## TRAINING TIME

|  |  |
|---|---|
| You are absolutely brilliant | Eres absolutamente brillante |
| It is not revolutionary | No es revoluciónario |
| I have a previous appointment | Tengo una cita previa |
| We have a pending date | Tenemos una cita pendiente |
| | |
| The water is scarce | El agua es escasa |
| They are revolutionary people | Ellas son personas revoluciónarias |
| A living animal | Un animal vivo |
| We are not difficult | Nosotros no somos difíciles |
| | |
| This juice is sour | Este jugo es acido |
| The hotel has the basics | El hotel tiene lo básico |
| It is a private party | Es una fiesta privada |
| The perfect peer | El perfecto compañero |
| It is not the minimum distance | No es la distancia minima |
| The colors seem alive | Los colores parecen vivos |
| | |
| Private parties | Fiestas privadas |
| My book is difficult | Mi libro es dificil |
| He does minimal work | Él hace el trabajo mínimo |
| | |
| These books are elementary | Estos libros son básicos |
| It is a private port | Es un puerto privado |
| He is not feminine | Él no es femeniño |
| The boy is weak | El niño esta débil |
| They look the same | Ellas parecen iguales |
| Now I am calm | Ahora estoy tranquilo |
| It is simple to write | Es sencillo escribir |
| These pants are very formal | Este pantalon es muy formal |

## TRAINING TIME

|  |  |
|---|---|
| I have Saturdays free | Tengo los Sábados libres |
| Are they legal? | ¿Son ellos legales? |
| Your fathers are present | Tus padres están presentes |
| She is a calm woman | Ella es una mujer tranquila |
| I am free today | Hoy estoy libre |
| The judge said that it's not legal | El juez dijo que no es legal |
| Because I am a bad man | Porque soy un hombre malo |
| The majority are women | La mayoría son mujeres |
| They are not traditional men | Ellos no son hombres tradiciónales |
| It is not expensive | No es cara |
| No, not normally | No, no normalmente |
| I want bread but I don't want water | Quiero pan pero no quiero agua |
| Three and two is five | Tres y dos son cinco |
| The nation is big | La nación es grande |
| Can you speak more slowly please? | ¿Puedes hablar más despacio, por favor? |
| I like beer, but i do not drink it | Me gusta la cerveza, pero no la bebo |
| He also obtained money from the newspapers | El también dinero de los diarios |
| No, currently no | No, actualmente no |
| During the night, i rest | Durante la noche, yo descanso |
| We are going to think about you | Nosotros vamos a pensar en ustedes |

# STORY MODE

## ESPAÑA

Querida Martina,

Como había prometido antes de irme, escribo esta carta para informarle sobre mis viajes. Como ya saben, estoy en una misión para visitar ocho países en tres meses, y ya estoy a la mitad.

Los últimos dos meses han sido casi como un sueño. Hasta ahora, he estado en España, México y China, y actualmente estoy escribiéndote desde un hotel en París, Francia. Todavía tengo las hermosas ciudades de Venecia y Roma para ver en Italia, la ciudad de Londres en Inglaterra, Buenos Aires en Argentina y Nueva York en los Estados Unidos.

No te preocupes, no me siento como un extraño aquí. Todos los días, cientos de turistas llegan a la ciudad desde el aeropuerto, y la estación de tren Gare du Nord, que está muy cerca de donde me hospedo. La ciudad es acogedora para todos los extranjeros, y definitivamente estoy disfrutando de mi corta estadía aquí.

Pude comunicarme hablando un poco de inglés y estudiando *La Forma Más Fácil de Aprender Francés*. También hice algunos amigos aquí; un estadounidense, un mexicano y un italiano. Sin duda, encontraré tiempo para visitarlos después de este viaje.

Ojalá estuvieras aquí y no puedo esperar para verte nuevamente.

Te veo el mes que viene. Amor, Lola

# ENGLISH

Dear Martina,

As I had promised before I left, I write this letter to inform you about my trips. As you know, I am on a mission to visit eight countries in three months, and I am already halfway through.

The last two months have been almost like a dream. So far, I have been to Spain, Mexico and China, and I am currently writing to you from a hotel in Paris, France. I still have the beautiful cities of Venice and Rome to see in Italy, the city of London in England, Buenos Aires in Argentina and New York in the United States.

Do not worry, I do not feel like a stranger here. Every day, hundreds of tourists arrive in the city from the airport and the Gare du Nord train station, which is very close to where I stay. The city is welcoming to all foreigners, and I am definitely enjoying my short stay here.

I was able to communicate by speaking a little English, and studying *The Simplest Way To Learn French*. I also made some friends here; an American, a Mexican and an Italian. Without a doubt, I will find time to visit them after this trip.

I wish you were here and I can not wait to see you again.

See you next month. Love, Lola

# Chapter 20

## PRONOUNS

**Keywords:** Alguien, nadie, tú, ninguno, varios, algo, mi, cualquiera, nada, todo, eso, ambos, algunos, otros, conmigo, uno, esto.

|  |  |
|---|---|
| Not by me | No por mí |
| I like both | Me gustan ambos |
| You denied everything | Usted negó todo |
| I did not see anybody | No vi a nadie |
| Do you have some milk | ¿Tienes algo de leche |
| Another one looks at him | Otra lo mira a el |
| I ate a lot of times | Yo comí varias veces |
| They are both my daughters | Ambas son mis hijas |
| That chicken belongs to others | Ese pollo pertenece a otros |
| Everyone is here today | Todos están aquí hoy |
| One more please | Otro más, por favor |
| Everbody hears me | Todas me oyen |
| Exactly like the others | Exactamente como las otras |
| It is for you | Es para ti |
| She earns more than me | Ella ganan más que yo |
| Someone is at the door | Alguien está en la puerta |
| None of those three | Ninguno de esos tres |
| We do not talk to just anyone | No hablamos con cualquiera |
| He is always with me | Él siempre está conmigo |
| One of them | Uno de ellos |
| Visit one of them | Visita alguna de ellos |
| At this moment, none of them | De momento, ninguno |
| Those are your colors | Esos son tus colores |
| This is not my bedroom | Este no es mi dormitorio |

| | |
|---|---|
| A table for one please | Una mesa para uno, por favor |

## TRAINING TIME

| | |
|---|---|
| You offer nothing | Tu no ofreces nada |
| That is a cup | Esa es una taza |
| These are bicycles | Estas son bicicletas |
| A hotel room | Una habitación de hotel |
| This is a historic city | Esta es una ciudad histórica |
| | |
| She follows me | Ella me sigue |
| That is a child | Ese es un niño |
| These are cats | Estos son gatos |
| We walked for six kilometers | Caminamos seis kilómetros |
| This is about to finish | Esto esta por terminar |
| The wheel is huge | La rueda es enorme |
| Where did it happen? | Dónde paso |
| He lost | El perdio |
| That initiated it | Eso la inicio |
| He opened the window | El abrió la ventana |
| It is possibly worse | Esta posiblemente peor |
| Come here immediately | Ven aqui immediatemente |
| | |
| They always work together | Ellas trabajan siempre juntas |
| You are going to control the car | Ustedes van a controlar el coche |
| She reached me | Ella me alcanzo |
| I live in my house | Yo vivo en mi casa |
| I took it | Lo tome |
| Any day but Monday | Cualquier dia menos el lunes |
| | |
| I pay with a card | Pago con tarjeta |
| I am going to count them | Los voy a contar |

# STORY MODE

## ESPAÑA

**Sr. Laurent:** "¿Dónde están los cachorros? Alguien está aquí para comprarlos."

**Señorita Alessia:** "Gracias por su ayuda, pero aún no he decidido vender, una parte de mí todavía está unida a ellos, casi como si fueran mis propios bebés humanos."

**Sr. Laurent:** "Bueno, no tome demasiado tiempo, porque hasta ahora, no podía encontrar a nadie dispuesto a comprar a ese precio. Ninguno de los clientes anteriores regresó después de la primera oferta. Alguien más habría vendido esos cachorros a las dos primeras ofertas."

**Señorita Alessia:** "¿Tengo que venderlos todos?"

**Sr. Laurent:** "Escuche, no creo que deba dejar ir esta, no tiene nada que perder, ambos padres aún son jóvenes, siempre puede reproducirse más."

**Señorita Alessia:** "Tiene razón, pero como dije antes, son especiales para mí. Uno de ellos en particular. Los otros no comen tanto como él, y es por eso que él es mi favorito. Me gustaría tener ese conmigo y vender el resto."

**Sr. Laurent:** "Entiendo, voy a reiniciar las negociaciones."

# ENGLISH

Mr. Laurent: "Where are the puppies? Someone is here to buy them."

Miss Alessia: "Thank you for your help, but I have not decided to sell yet, a part of me is still attached to them, almost as if they were my own human babies."

Mr. Laurent: "Well, do not take too much time, because until now, I could not find anyone willing to buy at that price. None of the previous clients returned after the first offer. Someone else would have sold those puppies to the first two offers."

Miss Alessia: "Do I have to sell them all?"

Mr. Laurent: "Listen, I do not think you should let this one go, you have nothing to lose, both parents are still young, you can always reproduce more."

Miss Alessia: "You're right, but as I said before, they're special to me. One of them in particular. The others do not eat as much as he does, and that is why he is my favorite. I would like to have that one with me and sell the rest."

Mr. Laurent: "I understand; I'm going to restart the negotiations."

## Chapter 21

## DIRECTIONS

**Keywords:** Paso, izquierda, dirección, derecha, norte, salida, llegada, final, orientación, lado, entrada, posición, exterior, centro, sur.

|  |  |
|---|---|
| Germany is at the center of Europe | Alemania está en el centro de Europa |
| The right | La derecho |
| The side | El lado |
| The exterior | El exterior |
| The left | La izquierda |
| I see the ticket | Veo la entrada |
| I like that position | Me gusta esa posición |
| I turn to the right | Yo giro a la derecha |
| The center | El centro |
| Our trip is in September | Nuestro viaje ese en Septiembre |
| Where is the exit? | ¿Dónde está la salida? |
| The search | La búsqueda |
| The orientation | La orientación |
| I do not like the traffic | A mi no me gusta el tráfico |
| We go out together every weekend | Salimos juntos cada fin de semana |
| Her arrival is at three | Su llegada es a las tres |
| I am on a trip | Estoy es un viaje |
| The exit is here | La salida está aquí |
| He lost his direction | El perdió la orientación |
| The course | El rumbo |
| The signal | La señal |
| To the south | Al sur |
| They fly to the north | Ellos vuelan al norte |
| I hear the baby's footsteps | Oigo los pasos del bebé |
| I gave him my address | Yo le di a el mi dirección |

**TRAINING TIME**

# STORY MODE

## ESPAÑA

**Rodrigo:** "Mi nuevo libro está a punto de ser lanzado, y he lanzado una búsqueda del tesoro como parte de mi campaña de marketing. ¿Está interesado en participar? El ganador obtiene una copia gratuita de mi libro, un lector de Kindle y un poco de hielo crema."

**Sergio:** "Sí, lo soy, ¿por dónde empiezo?"

**Rodrigo:** "En la farmacia de la calle 22, pero primero debes buscarlo. Este es un mapa con instrucciones sobre cómo llegar allí. Comience con esta área llamada punto A."

"A partir de ahí, siga los pasos hacia su posición actual. Sigue moviéndote hacia la izquierda hasta llegar a una panadería con un exterior rojo. Hay una calle al otro lado de la panadería, ingrésela y muévase hacia un alto edificio negro. El edificio tiene tres puertas a través de las cuales puede ingresar, tomar la que está en el centro."

"Usando el mapa como su orientación, continúe hacia el sur hasta que llegue a su salida en el otro extremo. Afuera, hay cámaras en diferentes ángulos que no te puedes perder. Espera una señal allí."

# ENGLISH

**Rodrigo:** "My new book is about to be released, and I launched a treasure hunt as part of my marketing campaign. Are you interested in participating? The winner gets a free copy of my book, a Kindle reader and a little ice cream."

**Sergio:** "Yes, I am, where do I start?"

**Rodrigo:** "At the pharmacy on 22nd Street, but you must first look for it. This is a map with instructions on how to get there. Start with this area called point A."

"From there, follow the steps to your current position. Keep moving to the left until you reach a bakery with a red exterior. There is a street on the other side of the bakery, enter it and move to a tall black building. The building has three doors through which you can enter, take the one in the center."

"Using the map as your orientation, continue south until you reach your exit at the other end. Outside, there are cameras at different angles that you can not miss. Wait for a sign there."

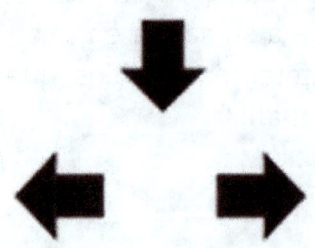

# Chapter 22

## EDUCATION

**Keywords:** Collegio, explica, suma, historia, academia, calificaciones, discusión, título, educación, conocimiento, material, estudio, sección, juego, respuesta, ausencia, nivel, problema, lectura, clase, cursos, tarea, capítulo, ejemplos.

| | |
|---|---|
| The history | La historia |
| The example | El ejemplo |
| The theme | El tema |
| The reply | La respuesta |
| The professor explains the problem | La profesora explica el problema |
| I am in level three | Yo estoy en el nivel tres |
| He has a good education | Él tiene una buena educación |
| Can you give some examples? | ¿Puedes dar algunos ejemplos? |
| He adds the numbers | El suma los números |
| Those stories are real | Esas historias son reales |
| We have a problem | Tenemos un problema |
| He goes to school at seven | Él va al colegio a las siete |
| She starts a new course | Ella comienza un nuevo curzo |
| It is good material | Es buen material |
| I pay for your studies | Yo pago tus estudios |
| That book does not have a title | Ese libro no tiene título |
| That only has three degrees | Eso solo tiene tres grados |
| I do not have answers | No tengo respuestas |
| The third grade | El tercer grado |
| I live in a studio | Vivo en un studio |
| I listen to the reading of the chapter | Yo oigo la lectura del capítulo |

| | |
|---|---|
| How many absences do you have? | ¿Cuántas ausencias tienes? |
| She is the best of her class | Ella es la major de su clase |
| This task is hard | Esta tarea es dura |
| They possess a low intelligence | Poseen una inteligencia baja |

## TRAINING TIME

| | |
|---|---|
| She reads him a book | Ella le lee un libro a el |
| He takes two classes | Él toma dos clases |
| It is only a game | Es solo un juego |
| It is a long absence | Es una larga ausencia |
| It is a chapter of her book | Es un capitulo de su libro |
| It is a family discussion | Es un discusión familiar |
| He tried a solution | El intento una solución |
| She studies at the academy | Ella estudia en la academia |
| How is the faculty? | ¿Cómo es la facultad? |
| It is a new section | Es una nueva sección |
| He won four awards | El ganó cuatro premios |
| Thank you for your explanation | Gracias por tu explicación |
| She is very knowledgeable | Ella tiene muchos conocimientos |
| I have no solutions | No tengo soluciónes |
| We talked about many subjects | Hablamos sobre muchos temas |
| She won the prize last week | Ella ganó el premio la semana pasada |
| The people want explanations for what happened | La gente quiere explicaciónes por lo que paso |
| Thanks for the information | Gracias por la información |

# STORY MODE

## ESPAÑA

Ramon: "Necesito que me expliques algo, los números que obtuve no suman, solo necesito algunos ejemplos de esto en la práctica, puedo continuar a partir de ahí."

Miranda: "¿Por qué no le preguntaste a la maestra? ¿Te saltaste la clase ese día?"

Ramon: "Tienes razón, y es por eso que necesito tu ayuda. Además, tienes más conocimiento sobre el tema."

Miranda: "De hecho, has estado ausente dos veces, he estado contando."

Ramon: "No saltearé clase otra vez, de ahora en adelante, lo prometo."

Miranda: "Hoy tengo un libro leyendo y tengo que estar en la escuela a las siete. Los profesores de mi escuela no permiten que los recién llegados entren a su clase. Pospongamos esto hasta la hora del almuerzo. Podemos encontrarnos en la academia."

Ramon: "Gracias por tu ayuda."

# ENGLISH

Ramon: "I need you to explain something to me, the numbers I got do not add up, I just need some examples of this in practice, I can continue from there."

Miranda: "Why did not you ask the teacher? Did you skip class that day?"

Ramon: "You're right, and that's why I need your help. Also, you have more knowledge about the subject."

Miranda: "In fact, you've been absent twice, I've been counting."

Ramon: "I will not skip class again, from now on, I promise."

Miranda: "Today I have a book reading and I have to be at school at seven. Teachers at my school do not allow newcomers to enter their class. Let's postpone this until lunch time. We can meet at the academy."

Ramon: "Thank you for your help."

# Chapter 23

## NATURE

**Keywords:** Montaña, pasto, cielo, sol, luna, viento, rosa, hojas, calor, aire, naturaleza, células, campo, estrella, espacio, bosque, flores, árbol, planta, volcán, especie, mar, río, lluvia, arena, fuego, hueso, planeta, raíces, piedra, clima, especie, paisaje.

|  |  |
|---|---|
| The fire | El fuego |
| The gas | El gas |
| The sun | El sol |
| The specie | La especie |
| The stone | La piedra |
| The field | El campo |
| The river | El rio |
| The sky | El cielo |
| The sea | El mar |
| The earth | La tierra |
| The evolution | La evolución |
| Maria swims in the sea | Maria nada en el mar |
| Martina likes to touch the flowers | A Martina le gusta tocar las flores |
| Andres touches the flowers from your house | Andres toca las flores de tu casa |
| You all see the sky | Ustedes ven el cielo |
| The tree is green | El arbol es verde |
| They see the moon | Ellos ven la luna |
| The grass is green | El pasto es verde |
| Is the sun in the sky? | ¿Está el sol en el cielo? |
| Then it is a volcano | Entonces es un volcán |
| I am the king of the world | Soy el rey del mundo |
| Yesterday I did not see the rain | Ayer yo no vi la lluvia |
| The light comes from the west | La luz viene del oeste |
| In what world are you? | En que mundo estas? |
| Dani plays with a wooden horse | Dani juega con un caballo de madera |

## TRAINING TIME

|  |  |
|---|---|
| The cells | Las celulas |
| The leaf | La hoja |
| The wind | El viento |
| The star | La estrella |
| The smoke | El humo |
| The sand | La arena |
| The plant | La planta |
| The rose | La rosa |
| The scenery | El paisaje |
| The space | El espacio |
| The mountain | La montaña |
| The environment | El ambiente |
| Sergio has a wooden horse | Sergio tiene un caballo de madera |
| It's hot today | Hace calor hoy |
| He lives from the air | Él vive del aire |
| Nature is our mother | La naturaleza es nuestra madre |
| I am hot | Yo tengo calor |
| The field is green | El campo es verde |
| We speak about the climate | Hablamos del clima |
| I am alone on this planet | Estoy solo en este planeta |
| It is a big universe | Es un gran universo |
| Rock, paper, scissors | Piedra, papel, tijeras |
| I like the weather | Me gusta el clima |
| I go to the mountain | Voy a la montaña |
| I am in the forest | Yo en el bosque |

## TRAINING TIME

|  |  |
|---|---|
| He lives alone in the forest | Él vive solo en el bosque |
| I am in the forest | Yo estoy en el bosque |
| The roots need water | Las raíces necesitan agua |
| I see smoke in the kitchen | Yo veo humo en la cocina |

|  |  |
|---|---|
| Today, I saw a star | Hoy, vi una estrella |
| I like the wind | Me gusta el viento |
| The currents are strong | Las corrientes son fuertes |
| It is not sand | No es arena |
| The spaces are large | Los espacios son grandes |
| You put a rose on the bed | Usted puso una rosa en la cama |
| The bed takes up a lot of space | La cama ocupa mucho espacio |
| This rose is pretty | Esta rosa es bonita |
| The sand is white | La arena es blanca |
| It is not sand | No es arena |
| She finds them | Ella los encuentra |
| The man eats an apple | El hombre se come una manzana |
| The woman eats the apple | La mujer se come la manzana |
| The children eat the soup | Los niños comen la sopa |
| The girl eats an apple | La niña se come una manzana |
| The child eats an apple | El niño se come una manzana |
| She eats an apple | Ella se come una manzana |
| He does not feel well | El no se siente bien |
| She feels well | Ella se siente bien |
| All good things must come to an end | Todo lo bueno se acaba |
| It is a region without water | Es una region sin agua |
| I tell you | Te digo |
| I eat an apple | Yo como una manzana |

**TRAINING TIME**

# STORY MODE

## ESPAÑA

**Maria:** "Gracias por las flores, he estado buscando esta especie de rosas en todas partes, ¿cómo se llama y de dónde has sacado?"

**Halima:** "Esta especie se llama rosa del desierto. El desierto es su hábitat natural, de ahí el nombre. Los obtuve del campo cerca de las montañas de Santander, y comencé a cultivarlos en mi jardín, pero descubrí que sería completamente imposible aquí."

**Maria:** "¿Por qué estás diciendo esto?"

**Halima:** "Experiencia personal, llueve mucho y hay muchos bosques, esta planta tiene mucho sol y arena, nunca sobrevivirá en ese tipo de clima."

**Maria:** "Eso es desafortunado."

**Halima:** "Es por esta razón que los traje aquí". El aire está caliente y la hierba se seca rápidamente."

**Maria:** "Es verdad, a lo largo de los años, ha habido una serie de incendios forestales fuera de la ciudad y las ciudades vecinas, no hemos sido afectados porque casi no quedan árboles."

**Halima:** "Ya veo."

**Maria:** "Gracias de nuevo, realmente aprecio el gesto."

**Halima:** "De nada."

# ENGLISH

Maria: "Thanks for the flowers, I've been looking for this specie of roses everywhere, what's it called and where did you get it from?"

Halima: "This species is called desert rose. The desert is its natural habitat, hence the name. I got them from the field near the mountains of Santander, and I started to cultivate them in my garden, but I discovered that it would be completely impossible here."

Maria: "Why are you saying this?"

Halima: "Personal experience, it rains a lot and there are many forests, this plant has a lot of sun and sand, it will never survive in that kind of climate."

Maria: "That's unfortunate."

Halima: "It's for this reason that I brought them here." The air is hot and the grass dries quickly."

Maria: "It is true, over the years, there has been a series of forest fires outside the city and neighboring cities, we have not been affected because there are almost no trees left."

Halima: "I see."

Maria: "Thanks again, I really appreciate the gesture."

Halima: "You're welcome."

## Chapter 24

## FLIRTING

**Keywords:** Para, cuando, ojos, cielo, en amor, tú, novia, en, a menudo, eres, como, hola, novio, quieres, número.

|  |  |
|---|---|
| Boyfriend | Novio |
| Girlfriend | Novia |
| Love | Enamorada |
| Do you want to go out with me? | ¿Quieres salir conmigo? |
| I like you a lot | Me gustas mucho |
| Your place or mine? | ¿En tu casa o en la mia? |
| Are you a model? | ¿Eres modelo? |
| Can I get your number? | ¿Me das tu número? |
| Are you lost? Heaven is a long way from here. | ¿Te perdiste? El cielo está muy lejos de aqui |
| I'm not drunk, I'm just intoxicated by you | No estoy borracho, solo intoxicado por ti |
| Why don't we go somewhere more quiet? | ¿Por qué no vamos a un sitio más tranquilo? |
| Do you want to dance with me? | ¿Quieres bailar conmigo? |
| You're so sweet, my teeth hurt | Eres tan dulce, me duelen los dientes |
| Would you like to go get a cup of coffee? | ¿Te gustaria ir a tomar un café? |
| Do you come here often? | ¿Vienes aqui a menudo? |
| What's your name? | ¿ Cuál es tu nombre? |
| Do you want to be my boyfriend? | ¿Quieres ser mi novio? |
| Hello, handsome | Hola, guapo |
| Can I offer you a drink? | ¿Puedo ofrecerte una bebida? |
| Did it hurt when you fell from the sky? | ¿Te dolió cuando te caíste del cielo? |
| Have we already met? | ¿Ya nos conocemos? |

| | |
|---|---|
| When God invented beauty, he was inspired by you | Cuando Dios inventó la belleza se inspiró en ti |
| You have a very beautiful smile | Tienes una sonrisa muy bonita |
| Hello, beautiful | Hola, hermoso |
| If being sexy were a crime, you'd spend your life in jail | Si ser sexy fuese un delito, te pasarías la vida en la cárcel |

**TRAINING TIME**

| | |
|---|---|
| Do you have a girlfriend? | ¿Tienes novia? |
| I am in love with you | Estoy enamorado de ti |
| Do you want to be my girlfriend? | ¿Quieres ser mi novia? |
| You look like my next girlfriend | Te pareces a mi siguiente novia |
| I do not need to read your terms of service to accept you | No necesito leer tus términos y condiciones para aceptarte! |

**TRAINING TIME**

# STORY MODE

## ESPAÑA

**Mauricio:** "Me gusta cómo te pones ese vestido. ¿Eres modelo?"

**Lola:** "Desafortunadamente, no, pero puedo ser un modelo si quieres."

**Mauricio:** "Guau, eres directo, creo que ya me gustas."

**Lola:** "Gracias, creo que también me gustas."

**Mauricio:** "Eso es genial, ¿así que te puedo comprar una bebida?"

**Lola:** "Claro, adelante."

*Se ordenan dos vasos de tequila*

**Mauricio:** "¿Cómo te llamas?"

**Lola:** "Lola."

**Mauricio:** "Encantado de conocerte, Lolita, ¿vienes aquí a menudo?"

**Lola:** "No realmente, y yo prefiero a Lola, pero está bien, supongo."

**Mauricio:** "Perdona mi error, tal vez estaba confundido por tu hermosa sonrisa, ¿te gustaría bailar conmigo?"

**Lola:** "Lo haría, pero no soy realmente una gran bailarina, y el hip hop no es realmente mi tipo de música, me gusta la salsa."

Mauricio: "Eso no es un problema, tampoco puedo bailar, pero si estás dispuesto a salir conmigo el próximo sábado, podemos asistir a un concierto de Luis Fonsi juntos, tengo dos boletos."

Lola: "Eres un hombre encantador, y aprecio la oferta, pero tengo un novio que no estaría contento con eso."

Mauricio: "También tengo novia, y a ella tampoco le gustaría eso, pero tampoco diré nada."

Lola: "¿Lo prometes?"

Mauricio: "Con todo el espacio en mi corazón."

Lola: "¿Y no vas a pedir mi número, o ser un loco acosador más tarde?"

Mauricio: "Soy demasiado encantador para eso."

Lola: "Bueno, en ese caso, ¿vamos a tu casa o a la mía porque estaba empezando a aburrirme aquí?"

---

## ENGLISH

---

Mauricio: "I like how you wear that dress. Are you a model?"

Lola: "Unfortunately, no, but I can be a model if you want."

Mauricio: "Wow, you're direct, I think I already like you".

Lola: "Thanks, I think I like you too".

Mauricio: "That's great, so I can buy you a drink?

Lola: "Sure, go ahead."

* Two glasses of tequila are ordered *

Mauricio: "What's your name?"

Lola: "Lola."

Mauricio: "Nice to meet you Lolita, do you come here often?"

Lola: "Not really, and I prefer Lola, but it's okay, I suppose."

Mauricio: "Forgive my mistake, maybe I was confused by your beautiful smile, would you like to dance with me?

Lola: "I would, but I'm not really a great dancer, and hip hop is not really my type of music, I like salsa."

Mauricio: "That's not a problem, I can not dance either, but if you're willing to go out with me next Saturday, we can attend a Luis Fonsi concert together, I have two tickets."

Lola: "You're a charming man, and I appreciate the offer, but I have a boyfriend who would not be happy with that."

Mauricio: "I also have a girlfriend, and she would not like that either, but I will not say anything either."

Lola: "Do you promise?"

Mauricio: "With all the space in my heart".

Lola: "And you're not going to ask for my number, or be a crazy stalker later?"

Mauricio: "I'm too charming for that."

Lola: "Well, in that case, are we going to your house or to mine because I was starting to get bored here?"

# END OF BOOK ONE

For the complete experience, please get the other books in the series.

## #THESIMPLESTWAYTOLEARNSPANISH

For updates on the next book, or if you'd just like to discuss this one, we're available on twitter as the @BadCreativ3, and on facebook www.facebook.com/BadCreativ3

## OTHER BADCREATIVE BOOKS

The Simplest Way To Learn French

Capitalist Modernization: The First World's Development Paradigm

Modernization, Dependency & The Third World's Underdevelopment